Barbara und Guido Vödisch:
Und es gibt sie doch – die große Liebe

Projektleitung: Marianne Nentwig
info@j-kamphausen.de

Lektorat: Stephanie Ehrenschwendner
Umschlag: Hildegard Morian
Autorenfoto: Lydia Krumpholz
Typografie/Satz: KleiDesign
Druck & Verarbeitung:
Westermann Druck Zwickau

www.weltinnenraum.de

1. Auflage 2011

Bibliografische Information der Deutschen Nationalbibliothek

Die Deutsche Nationalbibliothek verzeichnet diese
Publikation in der Deutschen Nationalbibliografie;
detaillierte bibliografische Daten sind im Internet
über **http://dnb.d-nb.de** abrufbar.

ISBN 978-3-89901-439-6

Dieses Buch wurde auf 100% Altpapier gedruckt und ist alterungsbeständig.
Weitere Informationen hierzu finden Sie unter *www.weltinnenraum.de*

Barbara &
Guido Vödisch

Und es gibt sie doch – die grosse Liebe

Unser Dank gilt allen, die die Liebe nicht vergessen haben.
Unser Dank gilt jeder Geste der Menschlichkeit.
Unser Dank gilt der Größe der Liebe,
die sich in der Einfachheit offenbart.

Unser Dank gilt dir, der du diese Worte liest,
deiner Sehnsucht, deiner Offenheit, deiner Erinnerung
an eine Liebe ohne Anfang, ohne Ende.

Unser Dank gilt der Schöpfung für die Gnade,
das Wunder der Liebe miteinander teilen und leben zu dürfen.
Unser Dank gilt vor allem einander.

Zum Geleit

Was Guido und ich gemeinsam erleben, sprengt die Welt der Worte und Vorstellungen. Zum ersten Mal ist es Zeit, darüber zu sprechen. Ich rede selten über unsere Beziehung, nicht einmal mit Freundinnen. Es war nie passend inmitten unzähliger Geschichten von Kampf, Streit und Problemen. Unsere Beziehung erscheint mir oft weit entfernt von den Erfahrungen anderer Menschen. Manchen gibt sie Hoffnung. Anderen fällt es wiederum schwer, zwei glückliche Menschen zu sehen. Wir haben oft geschwiegen und die Liebe und unsere Erfahrungen still miteinander geteilt. Worte verfälschen die Wirklichkeit. Allein indem ich die Liebe in Worte fasse, wirkt sie süßlicher, als sie ist und verliert ihren Gehalt. Doch ich kann nicht schweigen, weil im Bewusstsein der Einheit für mich alles Liebe ist. Es existiert keine mehr oder weniger besondere Liebe, und ich empfinde das „Persönliche" weniger persönlich, als es vielleicht erscheint. Das Spiel spielt sich selbst. Das Schreiben geschieht einfach, es fließt. Nur weil vieles nicht zu verstehen ist, heißt das nicht, dass es nicht sein kann.

Ich habe über das, was ich mit Barbara erlebe, noch nie mit jemandem ausführlich gesprochen. Denn viele können nicht einmal im Ansatz nachvollziehen, wovon ich rede. Besonders in meinem beruflichen Umfeld würden mich wohl die meisten für durchgeknallt halten und mir einen Besuch beim Psychologen nahelegen. Im extremsten Fall spräche man mir vielleicht die Fähigkeit ab, in meinem Job als Betriebswirt und Controller die richtigen Entscheidungen zu treffen. So habe auch ich meist geschwiegen. Inzwischen sind mir mögliche Konsequenzen egal. Es ist manchmal so, als wären unsere Seelen, sogar unsere Körper ineinander verschmolzen. Für mich ist das so selbstverständlich, dass es mir nur bewusst wird, wenn ich andere Menschen in ihren Beziehungen sehe und wahrnehme, dass es nicht der Normalität entspricht, sich in dieser Tiefe aufeinander einzulassen. Viele Menschen scheinen kein Interesse daran zu haben, oder sie fürchten sich einfach davor.

Unter Männern geht es oft darum, alles im Griff zu haben und überlegen zu sein. Wenn man(n) auf Frauen zu sprechen kommt, wird die eigene Frau meist als Fremdkörper beschrieben, die eigentlich stört und unmögliche Dinge verlangt. Es mit der Treue nicht so genau zu nehmen ist auch ein Zeichen männlicher Stärke. Ab und zu fühle ich mich wie ein Exot. Damit kann ich aber gut leben.

An sich ist mir die Liebe bis heute ein Mysterium, noch immer staune ich, weiß nicht zu beschreiben, was sie alles umfasst. Ich verstehe die Liebe nicht wirklich, verspüre auch kein Bestreben danach. Ich habe keine Rezepte und kann deshalb nur Erfahrungen und Erkenntnisse mit euch teilen – den Zauber, die Weisheit, die Menschlichkeit, das Wunder der Liebe.

Seit dreiundzwanzig Jahren bin ich mit Guido zusammen. Achtzehn Jahre sind wir verheiratet. Das ist die persönliche Geschichte einer großen Liebe, eine Liebesgeschichte. Doch schreibe ich auch über die Liebe, die größer ist als die scheinbare Person Barbara und ihr Mann Guido. Es ist eine Liebe, die persönlich zu sein scheint und sich doch unpersönlich in allem widerspiegelt. Eine Liebe, die in uns allen lebt, die alles beseelt, keine Grenzen, keine Identifikationen und keine Trennung kennt. Die große Liebe in einer Beziehung zu leben lässt sich nicht von der Liebe an sich trennen. Das Bewusstsein der allumfassenden Liebe, die über das Ich hinausgeht, ist der Schlüssel zu wahrer Liebe in Beziehungen. Obwohl es die Geschichte einer außergewöhnlichen Liebe in meinem Leben gibt, geht es mir nicht darum, die große Liebe darauf zu reduzieren. Denn die Liebe zu persönlich zu nehmen und zu ausschließlich zu sehen verursacht eine Menge Leiden. Ich will auf die Unendlichkeit der Liebe verweisen – auf das Eins-Sein, jenseits von Trennung. Die Liebe ist zu groß, als dass sie sich nur auf eine Partnerschaft beschränken ließe. Sie bezieht sich auf alles, auf unser ganzes Leben.

Das Thema Liebe hat für mich nicht erst in der Pubertät mit dem Interesse an Männern und dem Erwachen der Sexualität begonnen. Schon als Kind begleitete mich eine ausgeprägte Erinnerung an eine Existenz in einer Liebe, die keinen Anfang, kein Ende, kein Leid, kein Urteil und keine Trennung kennt und wo Eins-Sein die einzige Realität ist. Ich wollte immer dorthin zurück und verzweifelte daran, mich nicht mehr vollständig zu fühlen. Mein ganzes Sehnen galt dieser Liebe. Anfangs vermisste ich ein Wesen, eine Art Zwilling. Im Sandkasten hatte ich ein paar Mal das Gefühl, mit diesem Wesen zu spielen, obwohl es nicht körperlich anwesend war. Ich spürte damals, dass eine Art Ergänzung zu mir existiert. Später verwandelte sich dieses Gefühl in die Ahnung, ein Mann könne diese perfekte Ergänzung sein. Die vielen schmerzhaften Erfahrungen, die ich im Laufe der Zeit mit Männern machte, ließen mich zweifeln und an nichts mehr glauben. Mit 21 Jahren hatte ich schon so viel hinter mir, dass ich mit allem, auch mit den Männern abschloss. Ich hatte weder eine schlechte Meinung über sie, noch war ich verbittert. Ich liebte sie, erinnerte mich aber immer an eine Liebe, die leicht und frei ist und die zu leben mit keinem von ihnen möglich schien. Ich konnte keine Kompromisse eingehen und mich auch nicht mit einer Beziehung arrangieren, weil man das so tut. Das hätte sich wie Verrat angefühlt. Ich suchte nach etwas, das größer ist, frei und voller Frieden, das sich aus der Dualität erhebt und doch ganz in ihr lebt, etwas das nicht von dieser Welt und doch in ihr ist.

An diesem Punkt, wo aus blanker Verzweiflung der Entschluss reifte, mich nicht mehr auf eine Beziehung mit einem Mann einzulassen, trat Guido in mein Leben. Obwohl ich von Anfang das Gefühl hatte, ihn ewig zu kennen und zu Hause angekommen zu sein, wehrte ich mich zunächst mit Händen und Füßen dagegen. Ich hatte große Angst, wieder verletzt zu werden. Ich hielt mich für beziehungsunfähig, zu intensiv, zu anhänglich und gleichzeitig zu unabhängig und dachte, dass ich die Männer mit meiner geballten Energie und dem Hang, alles zu hinterfragen, überfordern würde. Sie fühlten sich von mir angezogen, aber mit mir zu leben schien auf Dauer doch eine andere Nummer zu sein. In meinen bisherigen Beziehungen versuchte ich, mich zu bändigen und anzupassen. Aber es funktionierte nicht. Egal, wie sehr ich mich zu verbiegen versuchte, es ging in die Hose. Guido hingegen liebte das, was andere zu bedrohen schien. Dabei hatte ich mich nicht verändert, ich war genauso intensiv wie zuvor. Mit Guido brauchte ich mich nicht mehr zu verstellen und keine Bedingungen zu erfüllen. Ich atmete auf. Wir hatten so lange aufeinander gewartet und uns endlich wiedergefunden.

Den Männern, mit denen ich vor Guido zusammen war, bin ich für die vielen schmerzhaften Erfahrungen dankbar. Sie haben mir den erlittenen Schmerz nicht zugefügt. Der Mangel an Bewusstsein und Liebe wie auch die Erwartungen, die ich an sie wie an mich richtete, bildeten die Grundlage dafür. Ich war mir damals einfach noch nicht bewusst, im Dasein selbst geborgen und geliebt zu sein.

Aus dem Geist der Trennung erschien es mir früher, als würde mich jemand lieben oder nicht. Das ist mittlerweile nicht mehr so. Heute bin ich in der Liebe an sich geborgen und unabhängig von den Reaktionen anderer Menschen, selbst wenn sie über mich schimpfen oder mich nicht zu mögen scheinen. Gibt es Liebe und Nicht-Liebe? Die allumfassende Liebe ist tatsächlich allumfassend. Sie kennt keinen Gegenpol. Sie ist eins, sie beinhaltet Liebe und Nicht-Liebe, und beides ist letztendlich ein und dasselbe. Die Liebe enthält alles und ist doch nichts. Sie ist Eins und kennt nichts Zweites, nichts Getrenntes.

Die Bedingungslosigkeit, die unsere Liebe trug und die besonders von Guido ausging, war für mich, auch wenn sie mir zunächst Angst einflösste, pure Heilung. Ich hatte eine Bestätigung für meine Gefühle und Wahrnehmungen gefunden, als ich in Guido die Bedingungslosigkeit der Liebe wiedererkannte. Er empfand wie ich die Liebe als Da-Sein und war bereit, ihr alles zu schenken – ein wahrer Segen für mich.

Es berührte mich zutiefst, dass ihm die Liebe wichtiger war als alles andere und dass er dafür wirklich brannte. Allein seine Existenz gab mir damals das Vertrauen ins Dasein wieder. So konnte ich die Bedingungslosigkeit der Liebe, die ich zwar spürte, aber auf Erden nicht zu finden schien, schließlich ganz unabhängig von Guido hinter allem entdecken und darin ruhen.

Obwohl ich anfangs die große Liebe ausschließlich mit Guido in Verbindung brachte und noch abgetrennt von der übrigen Welt sah, lehrte mich das Leben, der Unendlichkeit der Liebe, der Liebe im Dasein an sich gewahr zu sein. Unterstützt durch unsere „persönliche große Liebe“ konnte ich wieder eintauchen in ein Sein, in eine Liebe, die unpersönlich, heil und ganz war, jenseits aller Identifizierungen. Die ersten Jahre empfand ich das Gefühl, zu Hause zu sein, nur mit und durch Guido. Das erzeugte trotz allen Glücks eine schmerzhafte, von Illusionen begleitete Abhängigkeit. Die Sehnsucht danach, in jedem Moment in der Liebe geborgen zu sein, konnte selbst diese große Liebe nicht stillen. Sie war aber wie eine Brücke, damit ich mich eines Tages schließlich ganz im Dasein selbst geborgen und vollständig fühlen konnte.

Obwohl unsere Beziehung von Anfang an von einer unbegrenzten Liebe erfüllt war, hatte ich einen Hang zur Dramatik und zum Sticheln – bis heute habe ich keinen Heiligenschein. Die Macht der Liebe half mir jedoch immer, zum Wesentlichen zurückzukehren. Ich erkannte meine Menschlichkeit, lernte, das Leben aus verschiedenen Blickwinkeln zu betrachten, und durchschritt meine Angst, nichts und gleichzeitig alles zu sein. Ich entdeckte, dass die Liebe auch Härte, Kälte, Wut und sogar das umfasst und liebt, was wir verurteilen und ablehnen. Die Liebe spiegelt sich in der Vielfalt wieder, in der Fähigkeit, unsere Menschlichkeit anzunehmen statt sie zu verurteilen. Die Liebe ist nicht abgehoben, sie thront nicht über allem, sondern entfaltet gerade in den scheinbaren Niederungen und Schatten ihre heilende Kraft – menschlich, nah und mitten im Leben.

Für mich ist es ein wahres Geschenk, mit Guido ganz nackt, blöd, wild, sanft und frech zu sein. Er ließ mich von Anfang an sein, wie ich bin, mir fiel das mit ihm und auch mit mir selbst schwerer. Ich habe selten einen Menschen getroffen, der so viel Widersprüchliches in sich vereint. Mit ihm kann ich im Fußballstadium grölen und im nächsten Moment in Stille versinken, ohne zu meditieren. Mit ihm kann ich die Welt heute so sehen und morgen wieder ganz anders, auf Musik abrocken oder auf einer Berghütte Stubnmusi hören. Darin liegt kein Widerspruch. Alles ist möglich. Wie ein Mensch sich verhalten sollte, interessiert uns null Komma null.

Für mich gibt es auch keine spirituellen oder nichtspirituellen, keine mehr oder weniger heiligen Menschen. Das „Heilige" ist ganz natürlich und bodenständig in allem. Das scheinbar Unvereinbare lässt sich vereinen. Nur die Bewertung verhindert das. Es gibt nichts, was nicht möglich ist. Die Beschränkung besteht nur in unserem Geist. Das Leben und die Liebe sind frei, sie vertreten keine Meinung, sie sind einfach nur.

Die Magie der Liebe

Als ich Barbara zum ersten Mal sah, saß ich auf einer Empore in einer Salsa-Kneipe, die man als Spelunke bezeichnen könnte. Ich spürte sofort, dass sie besonders war, ganz anders, als alle Frauen, die ich bis dahin kennen gelernt hatte. Ich fühlte mich magisch von ihr angezogen. Ich wusste, dass ich diese Frau kennenlernen musste. Um mir einen Rückzieher zu erschweren, sagte ich zu meinem spanischen Freund: "Die süße Rothaarige da unten auf der Tanzfläche, die reiß ich heute noch auf." An eine lebenslange Beziehung dachte ich dabei nicht. Ich wollte mit ihr nur einen schönen Abend und auch die Nacht verbringen.

Das war aber nicht so einfach. Zum einen hatte ich noch nie eine Frau in einem Lokal angesprochen, zum anderen war sie in Begleitung einer Freundin und eines Mannes, den ich nicht eindeutig zuordnen konnte. Die beiden gingen sehr vertraut miteinander um, wirkten aber nicht wie ein Paar. War das nun ihr Freund oder nicht? Ich beobachtete sie stundenlang, um mir eine Abfuhr zu ersparen.

Sie tanzte barfuss, wild und ausgelassen. Ich weiß heute noch genau, wie sie aussah, die langen lockigen Haare mit einem kleinen Kamm aus dem Gesicht gesteckt, was sie trug, wie ihr Rock sich beim Tanzen bewegte. Meine Blicke hafteten förmlich an ihr, an ihrem Lachen, an ihren Beinen und dem knackigen Hintern.

Irgendwann bin ich auf die Tanzfläche gegangen und versuchte, sie unauffällig zu beobachten. Als ich am Rand der Tanzfläche stand, schaute sie mir direkt in die Augen. Solche Augen hatte ich zuvor noch nie gesehen. So offen, so tief, als könnte man bis in die Mitte ihres Herzens schauen. Ich spürte sofort eine innige Vertrautheit. In diesen Augen hätte ich ewig verweilen können. Es war mir völlig klar: Das war der Moment, auf den ich gewartet hatte, den musste ich nutzen.

Ich fragte sie direkt, ob „der Typ" da am Tisch ihr Freund sei. Sie sah mich kurz ungläubig an und lachte dann schallend. Ich kam mir ganz schön blöd vor. Ausgelacht zu werden war das Letzte, was ich mir in dem Moment gewünscht hatte. Es kam mir wie eine Ewigkeit vor, bis sie mir erklärte, es sei doch bei dieser Ähnlichkeit offensichtlich, dass er ihr Bruder sei, die braunen Augen, die Sommersprossen und die roten Haare. Deswegen hielt sie meine Frage für einen blöden Anbaggerspruch. Normalerweise hätte ich versucht, mich dieser peinlichen Situation sofort zu entziehen. Ich kannte mich so überhaupt nicht, war nie ein Aufreißertyp oder nur an Sex für eine Nacht interessiert. Doch hier lief alles anders. Ich war wie ferngesteuert. Etwas gab mir die Kraft, das Lachen auszuhalten, sie sogar noch zu fragen, ob sie nicht Lust hätte, mit mir etwas zu trinken und sich zu unterhalten. Sie willigte sofort ein. Ich war überrascht und sehr erleichtert. Die Gespräche über unser bisheriges Leben, unsere Familien, was uns bewegte und begeisterte, hatten sofort eine ungewöhnliche Tiefe und Vertrautheit.

Diese Nähe, die ich mit Barbara von Anfang an erlebte, war mir völlig neu, als würden wir uns schon ewig kennen. Alles war so vertraut. Vom ersten Moment an war unser

Zusammensein begleitet von einem bis dahin unbekannten Zauber. Unerklärlich und von einer Intensität, die mir immer wieder den Atem nahm. Obwohl es anders lief als geplant, hielt ich weiter an meinem Vorhaben fest, sie abzuschleppen. Das ging voll daneben. Jeden Annäherungsversuch quittierte sie mit einer „Geh weg"-Reaktion. Jedes Mal, wenn ich ihre Hand berühren wollte, zog sie diese mit einer heftigen Bewegung weg, um mir unmissverständlich klar zu machen: Keine Chance, mit mir geht das so nicht. Das war mir irgendwann völlig egal. Was ich an diesem Abend erlebte, war einzigartig und gewaltiger als alles, was ich bis dahin gefühlt hatte. Ich betrat eine für mich neue Welt. In dieser Welt brauchte ich mich nicht zu verstellen, ich musste mich nicht schützen oder irgendetwas zurückhalten. Auf eine nie erlebte Weise konnte ich mich zeigen, wie ich war, ohne Angst zu haben, kritisiert oder nicht gemocht zu werden. Damals ahnte ich zum ersten Mal, wie befreiend ein Leben sein kann, wenn es nichts gibt, was nicht sein darf.

Wir waren so ineinander vertieft, dass wir nichts mehr um uns herum wahrnahmen. Erst als die Stühle auf die Tische geräumt wurden merkten wir, dass wir die letzten Gäste waren und die Angestellten endlich zusperren wollten. Mittlerweile war es 5 Uhr 30 in der Früh. Ich war überhaupt nicht bereit, Barbara schon gehen zu lassen. Diese Vertrautheit und nie gekannte Nähe wollte ich auskosten. Also fuhren wir zum Bahnhof, wo um 6 Uhr das erste Café öffnete. Erst Aufreißer-Schuppen, jetzt Bahnhofscafé. Nicht gerade die romantischsten Plätze. Trotzdem gab es keinen Platz auf der Welt, wo ich in diesem Moment lieber gewesen wäre.

Am meisten faszinierten mich ihre Augen. Offen und strahlend, als würde sich dahinter ein ganzes Universum erstrecken. Dass ich sie dauernd anstarrte und meine Blicke nicht von ihr wenden konnte, schien sie zu stören. Sie sagte immer wieder: „Schau mich nicht ständig so an." Es war aber, als hätte ich keine Wahl. Egal, wie sehr ich versuchte, Abstand zu halten, ich wurde magnetisch angezogen wie die Kompassnadel vom Nordpol. Das ist heute noch so, in ihre Augen kann ich mich hineinversenken, in diese Liebe, die unfassbare Weite. Und gleichzeitig existierte nur diese kleine Welt, zwei Stühle und ein Tisch in einem Café, zwei Menschen aufs Tiefste miteinander verbunden. Inzwischen schon 8 Uhr, wollten wir jeder nach Hause: duschen, ein wenig schlafen und uns am Nachmittag wieder treffen. Sie versuchte, in der Telefonzelle einer stark frequentierten U-Bahn-Passage zu Hause anzurufen. Wir hatten jede Menge Spaß, sangen, lachten und tanzten ungeachtet der vielen Menschen, die uns meist verständnislos, manchmal amüsiert ansahen. Uns war das egal. Wir waren unbefangen und glücklich.

Ich sah in diesem Salsa-Lokal nur zwei Augen, die mich magisch anzogen und von der Empore zu mir runterschauten. Das Gesicht dazu konnte ich nicht erkennen. Es war wie ein Sog, dort hinzuschauen. Bewusst nahm ich Guido das erste Mal auf der Tanzfläche wahr. Mir fiel sofort seine ungewöhnliche Art zu tanzen auf. Gefühlvoll und gleichzeitig männlich. Wie offen und fließend seine Bewegungen waren, ohne verweichlicht zu sein. Als Tanztherapeutin nahm ich ihn als interessanten Bewegungsfall zur Analyse unter die Lupe. So hatte ich noch nie einen Mann tanzen sehen. Guido war ansonsten nicht mein Typ. Ich hatte eher einen anderen im Visier, einen Latino und fantastischen Salsa-Tänzer. Nachdem der Latino mich angeflirtet und ich ihn einige Zeit beobachtet hatte, war mir klar, dass ich, obwohl ich ihn anziehend fand, lieber die Finger von ihm lassen sollte. Ich roch förmlich, dass er nur eine Fortsetzung der Schwierigkeiten mit Männern wäre, die ich so gut kannte. Außerdem hatte ich das Thema Männer ja sowieso abgehakt. Ich wollte all diese Beziehungsspiele nicht mehr. Ich wollte nicht mehr mit dem Feuer spielen und mich verbrennen.

Als Guido mir dann auf der Tanzfläche entgegen kam und ich direkt in sein Gesicht schaute, erkannte ich die Augen wieder, von denen ich mich zuvor auf der Empore schon angezogen gefühlt hatte. Ich lachte ihn an. Trotz seiner Frage, die ich für einen dummen Anmacherspruch hielt, war er mir einfach sympathisch und erschien mir nicht gerade wie ein Aufreißertyp. Ich wollte mich gern mit ihm unterhalten. Unsere Nähe, die Tiefe der Gespräche, diese Vertrautheit berührten mich. Ich war begeistert, vielleicht endlich einmal einen „guten Freund" gefunden zu haben. Das war bis dahin mit Männern nie möglich. Dass Guido sich mir körperlich nähern wollte, passte mir zunächst nicht. Ich fühlte mich zwar wohl mit ihm, unbeschwert und vertraut, suchte aber nicht nach mehr. Es war wunderbar, wie es war.

Als er mir später seine Telefonnummer gab und meine nicht wollte, war ich überrascht. Er sagte nur: "Melde du dich." Am nächsten Tag hätte ich am liebsten gleich schon bei ihm angerufen. Das erstaunte mich, weil ich doch glaubte, nicht in ihn verliebt zu sein. Mein Gefühl für ihn war anders, als für jeden Mann zuvor. Es war so ruhig, pure Entspannung für mich. Ich hatte es so genossen, mit einem Wesen zusammen zu sein, das dieselbe Sprache sprach, selbst wenn wir schwiegen. Dennoch zwang ich mich, zumindest einen Tag abzuwarten, bis ich ihn anrief. Er lud mich ein, ihn bei einem Bekannten zu besuchen. In dem Moment, als die Haustür geöffnet wurde, blieb mir die Luft weg. Da stand der Latino aus dem Salsa-Schuppen. Guidos Bekannter. Er war ebenso verblüfft wie ich und wusste nicht, was er sagen sollte. Den ganzen Abend flirtete er mich an, obwohl er wusste, dass ich wegen Guido gekommen war. Mir war bewusst, dass das nur ein

Spiel und nichts Ernstes war. Wirklich berührt fühlte ich mich von Guido, seiner unspektakulären Art, dem Gefühl von Ruhe und Frieden, das ihn umgab. Ich fuhr Guido nach Hause. Stunde um Stunde saßen wir im Auto und quatschten über Gott und die Welt. Wieder versuchte er, sich mir körperlich zu nähern, und nach einigen weiteren erfolglosen Versuchen, nahm das Ganze schließlich doch seinen Lauf... Das Zusammensein mit ihm war so leicht, selbstverständlich und unproblematisch. Es war einfach unglaublich, wie perfekt wir zusammenpassten, und mutete wie ein Geschenk des Himmels an. Bis heute, über zwanzig Jahre später, gibt es viele Momente dieser Magie. Sie lassen sich nicht steuern, sie entstehen einfach von selbst.

Oftmals kommen wir unverabredet zur selben Zeit zu Hause an, wir versuchen uns gleichzeitig auf dem Handy zu erreichen oder sagen im selben Moment die gleichen Dinge. Manchmal stellen wir am Abend fest, dass wir uns morgens, ohne uns zu sehen, in gleichen Farben gekleidet haben. Die Liebe fügt alles in einer ungeheuren Perfektion.

Was ist es anderes, als die Magie der Liebe, die Menschen zusammenführt, und das auf Wegen, die unmöglich erscheinen? Was ist es anderes als Magie, wenn Liebe Berge versetzt? Was ist es anderes als die Magie der Liebe, wenn Menschen erst dann sterben, wenn ihr geliebter Partner da ist, um sich von ihm verabschieden zu können? Was ist es anderes, als die Magie der Liebe, wenn ein Partner – weit entfernt – spürt, was mit dem anderen geschieht? Wir können sie nicht erdenken, nicht erzwingen, nicht planen, die Liebe. Sie wirkt in einer solchen Größe und Perfektion, dass wir uns nur verneigen und sie walten lassen sollten.

Mir erscheint es wie ein Wunder, dass Guido und ich uns unter Milliarden Menschen kennenlernten. Wir konnten das nicht tun, nicht arrangieren. Eigentlich ist unsere Liebe selbst ein Wunder. So lebendig und immer wieder neu, seit dreiundzwanzig Jahren.

Als ich einundzwanzig war und Guido kennenlernte, dachte ich, bis zum Ende meines Lebens nur bei einem Mann zu bleiben und nie mehr mit einem anderen Mann Sex zu haben, müsste entsetzlich langweilig sein. So, als würde das Leben an Farbe verlieren und an mir vorbeiziehen. Ich empfinde es als ein Wunder, wie unerschöpflich die Erfahrungen mit einem Menschen sein können und dass es kein Bedürfnis nach einem anderen gibt. Wie viel Erfüllung in der Begrenzung liegen kann, wie reich, ja unendlich die Liebe sein kann. Das kommt mir vor wie eine Tiefenbohrung. Die Quelle sprudelt und offenbart ihren Reichtum. Ich kann das bis heute weder mit dem Verstand begreifen noch in Worte fassen. Würde ich über die Liebe nachdenken, hielte ich vieles, was wir erleben, für unmöglich und kitschig. Die Liebe ermöglicht Unvorstellbares. Doch erfordert sie von dir das Wagnis, dich dem Unbekannten, dem, was du nicht für möglich hältst, um ihretwillen hinzugeben.

Ich habe mich oft gefragt, wie Guido es in den Anfangsjahren mit mir ausgehalten hat. Auch das war für mich wie ein Wunder. Als wir uns kennenlernten, hatte ich große Angst, verletzt zu werden, mich ganz auf die Liebe einzulassen. Manchmal war ich richtig zickig. Wenn er sich nicht meinen Erwartungen entsprechend verhielt, machte ich ihm Vorwürfe. Unbedeutende Kleinigkeiten interpretierte ich als mangelnde Liebe seinerseits und reagierte beleidigt. Wenn ich mich verletzt fühlte, versuchte ich oft, ihn ebenso zu verletzen. Und manchmal provozierte ich ihn sogar, nur um seine Reaktionen zu testen.

Die Stetigkeit seiner Liebe war mir damals unbegreiflich. Wie konnte ein Mensch das aushalten? Diese Reinheit und Größe seiner Liebe, diese Unschuld berührten mich zutiefst. Seine Liebe weichte mich auf, führte mich zu dem zurück, was inmitten aller Verletzungen, die ich erfahren hatte, immer ganz geblieben war. Mir wurde bewusst, dass meine Zickereien in mangelndem Bewusstsein und in großer Angst gründeten.

Die Frage, ob ich mich von Barbara trennen sollte, hat sich mir selbst in den Momenten größter Herausforderungen nie gestellt. Dass sie die Richtige ist, wusste ich. Genauso war mir von Anfang an klar, dass mit ihr kein Leben im Weichspülgang, sondern voller Intensität und Überraschungen zu erwarten war. In den ersten Jahren war das nicht immer einfach. Ich hatte mich bis dahin eher in geordneten und biederen Bahnen bewegt. Ich versuchte, nach den Regeln dieser Welt zu funktionieren – Abi, Studium etc. –, um dazuzugehören. Gelungen ist mir das nie wirklich. Etwas in mir hat dann in der Regel rebelliert. Barbara war schon immer anders. Sie ist oft sehr unmittelbar und tut selten etwas, nur weil es von ihr erwartet wird.

In den ersten Jahren, als sie Anfang zwanzig war, hatte sie manchmal Gefühlsprünge, die ich nicht nachzuvollziehen konnte. Ihr Verhalten konnte sich von einer auf die andere Minute verändern. Manchmal provozierte sie mich. Einerseits fühlte ich mich verletzt, wollte mich unter lauten Beschwerden, wie „das habe ich nicht verdient, so behandelt zu werden“, zurückzuziehen und solange schmollen, bis sie endlich ihren „Fehler“ einsehen und sich entschuldigen würde. Gleichzeitig war mir immer klar, wie viel kostbare Lebenszeit, wie viele glückliche Minuten, Stunden oder gar Tage wir damit vergeuden würden. Aber über allem stand immer die Liebe, die irgendwie unerschütterlich blieb. Ich wusste, dass sie ihr Verhalten bedauerte und selbst darunter litt. Sie sprach mit mir oft darüber und entschuldigte sich. Dass es nicht nur leere Worte waren, konnte ich daran erkennen, dass sie und ihr Verhalten sich sichtbar veränderten. Ich fühlte selbst in diesen schwierigen Momenten immer, wie viel Liebe Barbara in sich trug und wie sehr sie mich liebte. Diese Liebe erleichterte es mir, in den meisten

Fällen nicht auf ihre Provokationen einzusteigen. Egal was war, ich liebte einfach nur. Das Glück, sie gefunden zu haben, überwog alles. Das war für mich eine Art Wunder.

Die ersten zwei Jahre unserer Beziehung schwankte ich zwischen dieser tiefen überfließenden Liebe und den Zickereien hin und her. Es war mir klar, dass Worte der Entschuldigung auf Dauer nicht halfen. Ich wollte die Ängste und Verletzungen lösen, wollte reifen, mich aus diesem Unsinn, dieser Verwirrung des Geistes und der Verstrickung, die mich gefangen hielt, befreien. Ich wollte mich weder ausruhen noch Guido oder mir unnötiges Leiden zufügen. Ich sehnte mich danach, frei zu sein, und spürte, dass es möglich war, wahres Glück zu finden und in der Liebe zu ruhen. Alles Leid entstand nur durch meine inneren Filme, durch meinen verzerrten Blickwinkel auf die Welt. Kaum wurde mir das bewusst, ergriff es mich wie einen Sog. Ich wollte alles geben, um die Illusionen zu enttarnen und in mir freizulegen, was immer heil und vollständig geblieben war. Spirituelle und psychotherapeutische Unterstützung waren mir dabei eine große Hilfe, solange sie mich im Herzen berührten. Sobald nur noch eine spirituelle, philosophische, religiöse oder therapeutische Theorie oder Weltansicht im Vordergrund stand, ging ich weiter. Ich wollte es wirklich wissen, wollte wirklich frei sein. Nach und nach erkannte ich, dass es nicht darum geht, das Leben in Theorien und Konzepte zu fassen, auch nicht in psychologische oder spirituelle, die eine vermeintliche Sicherheit zu geben scheinen. Ich wollte mich dem Unfassbaren, der Liebe hingeben, dem, was größer ist, als der Verstand und seine Theorien. Sobald ich mich hingab, spürte ich, dass alles gut war und nie wirklich etwas in mir zerstört werden konnte.

Der Kern deines Seins ist immer vollständig und unberührt, selbst wenn du die Liebe aufgegeben hast, weil dir diese Welt so hart erscheint oder du dich von deinem Partner verletzt fühlst. Egal wie weh es getan hat, da ist nichts, es bleibt nichts als Liebe. Lass sie zu, sie ist dein Sein. Dem Wahren in dir kann niemand etwas antun. Verletzungen geschehen in der Welt der Illusionen. Sie entstehen aus den unerfüllten Erwartungen, die du an jemanden hast. Sie entstehen aber nur, wenn du der Vollständigkeit, der Liebe in dir selbst nicht gewahr bist. Hältst du dich für bedürftig, kann dich das Verhalten anderer bis ins Mark treffen, ja sogar ein Gefühl von Vernichtung auslösen. Dabei lässt sich der Kern deines Seins nicht vernichten, ja nicht einmal ankratzen. Er ist ewig, unsterblich. Nur dein scheinbares Ich, das geliebt werden will, fühlt sich von Attacken und Liebesentzug bedroht. Selbst wenn ein anderer versucht, dich zu verletzen und zu vernichten, ist es reine Liebe. Denn das hilft dir zu erkennen, dass das Wahre nicht zerstört werden kann. Wahre Liebe kennt kein Gegenteil. Wahre Liebe muss nicht getan, erzwungen oder angestrebt werden. Liebe ist, in dem du einfach bist. Du musst dir Liebe nicht verdienen, nicht erst etwas werden oder etwas erreichen. Liebe ist das Geschenk, du selbst sein zu dürfen. Doch leider glauben wir, dass nichts passiert, wenn wir nichts tun. Wir meinen, immer etwas leisten, andere beeindrucken oder uns Liebe verdienen zu müssen. Wir rennen der Liebe hinterher und strengen uns dabei unglaublich an. Babys sind einfach, sie berühren uns mit ihrer Unschuld, ihrer Liebe. Sie geben, obwohl sie noch nichts Effektives leisten, sie werden geliebt, nur weil sie sind.

Vieles geschieht von selbst, wenn die Liebe fließen kann. Sie folgt ihren eigenen Gesetzen, macht möglich, was unmöglich ist. Sie entzieht sich unserer Logik und vor allem unserer Kontrolle. Sie existiert unabhängig von Alter, Zeit, Rassen und jeglicher äußeren Form. Sie trifft uns im Kern. Ihre Magie bewegt sich jenseits des Verstandes. Du kannst Liebe, auch die große Liebe nicht erzwingen. Sie liegt nicht in deiner persönlichen Macht. Sie ist magisch, ungebunden und kostenlos. Sie heilt, überwindet Trennung und führt dich zurück zur Vollständigkeit. In der Liebe bist du zu Hause angekommen, alles ist gut – jenseits von Gut und Böse. Letztendlich ist die Liebe selbst das Geschenk, ob sie in einer Liebesbeziehung ihren Ausdruck findet, in der Luft, die du einatmest oder du dich im großen Ganzen geliebt und geborgen fühlst. Die größte Romanze, die größte Liebe ist die Liebe mit dem Leben selbst, in jedem Moment deines Seins. Gib dich der Liebe in jedem Moment deines Lebens hin. Beschränke sie nicht auf eine Beziehung. Liebe das ganze Leben. Es ist ein Wunder.

Alles im Leben hat seinen Sinn. Es gibt keinen Zufall. Dass die Liebe wie das Leben nicht zu steuern und zu berechnen ist, erzürnt jedoch viele Menschen. Sobald der Wunsch nach einem Partner auftaucht, soll der Richtige schon vor der Tür stehen. Liebe lässt sich aber nicht erzwingen. Das Leben ist weise. Es gibt uns immer das, was wir wirklich brauchen, und sei es nur, um zu lernen. Ob das jedoch immer das ist, was wir uns wünschen und für richtig halten, steht auf einem anderen Blatt.

„Was kann ich denn für die große Liebe tun, wenn doch alles Schicksal und von einer größeren Kraft gelenkt ist", werde ich manchmal gefragt, „eigentlich kann ich es ja gleich sein lassen, mich aktiv um eine Partnerschaft zu bemühen." Einerseits ist die Liebe eine Gnade und pure Magie, auf der anderen Seite erscheint sie, wie das Leben selbst, als Folge einfacher Gesetzmäßigkeiten, bodenständig, praktisch, greifbar. Hasse ich andere, hasse ich mich selbst; bin ich im Widerstand mit dem Leben, leide ich; bin ich immer auf der Suche, kann ich nicht finden; will ich immer etwas werden, verpasse ich, es jetzt zu sein. Alles, was ich nicht haben will, verfolgt mich, denn die Liebe schließt nichts aus, sie umfasst alles. Obwohl eine größere Macht die Geschehnisse des Lebens, auch rund um Beziehungen, lenkt, heißt das nicht, dass du immer nur die Hände in den Schoß legen und abwarten solltest. Zu lieben bzw. in Liebe zu sein, spiegelt sich ganz praktisch in deinen Beziehungen wieder: in deinem bedingungslosen Einsatz, in deiner Offenheit zu lernen, dich nicht zu ernst zu nehmen, dich nicht um Unwesentliches zu kümmern, über deinen Schatten zu springen und deine Erwartungen in Frage zu stellen.

Es wundert mich nicht, warum viele Beziehungen so schwierig sind. Sie spiegeln die Enge unserer Vorstellungen und Erwartungen wider, von Illusionen und Rechthabereien, sogar dann, wenn wir von uns selbst glauben, ein offener Mensch zu sein. In diesen Momenten sind wir so sehr im dualen Denken verhaftet, dass wir ernsthaft glauben, nur unsere Meinung oder unsere Art zu leben, sei die einzig richtige. Oft schaffen wir es dann nicht, uns von unserer Meinung zu lösen und in eine Art Nullraum zurückzukehren, aus dem heraus wir die Enge des Ichs überwinden können. Das führt in Paarbeziehungen genauso zu Problemen wie in anderen Lebensbereichen. Die Liebe ist aber größer als die Enge des Verstandes, sie hilft Spaltung und Urteil zu überwinden.

Früher litt ich unter meinen Beschränkungen. Vielleicht umso mehr, weil sie mir bewusst waren und ich sie gerne abschütteln wollte, aber nicht konnte. Ich wollte mich aus dem Leiden befreien. Leid erschien mir nicht nötig, auf einer Verwirrung beruhend, die ich wie ein Forscher zu durchleuchten und zu enttarnen hatte. Ich ging dabei ganz bodenständig Schritt für Schritt vor und schaute mir die Situationen, unter denen ich litt, genauer an. Welche Sichtweise auf die Welt, welche Glaubenssätze ließen mich leiden? Welche Weisheit hatte ich übersehen, nicht verstanden? Hatte ich wirklich recht? Sollten die Welt und die Menschen wirklich so sein, wie ich es mir vorstellte? Was wollte mich das Leben lehren? Diese Fragen stellte ich mir solange, bis es kein Leid mehr gab.

Auch wenn die Liebe Magie, das Leben ein Wunder ist und beide nicht deiner persönlichen Macht unterliegen, kannst du deine

Illusionen enttarnen, Liebe wagen und im Herzen weit werden. Die Liebe und deine Beziehungen beruhen nicht nur auf Magie, sondern auch auf Resonanz. Dein Partner ist dein Spiegel. Je mehr du in Liebe bist, sind deine Beziehungen von Liebe getragen. Vielleicht findest du so einen Partner, der dir wirklich entspricht, mit dem du die Größe der Liebe leben kannst.

Auch die Welt wandelt sich, wenn wir uns der Liebe hingeben, anstatt darauf zu beharren, Recht zu haben und dass andere unsere Erwartungen erfüllen müssen. Vielen Menschen erscheinen die Kämpfe und Leiden in unserer Welt wie auch in ihrem Leben suspekt und unnötig. Und doch fällt es ihnen schwer, sich daraus zu lösen.

Hier auf Erden geht es um die Meisterschaft, die Herausforderung liegt darin, dich nicht von den Schattenseiten schockieren zu lassen, sondern hinter den Schleier der Illusionen, und Vorstellungen zu schauen. Hier ist tatsächlich die Größe der Liebe gefragt, um auch deinen Schatten und den deines Partners zu umarmen. In der Regel spalten wir das Ungeliebte ab. Doch das hilft uns nicht weiter. Es verschwindet nicht einfach, nur weil du es nicht haben willst, sondern es kommt durch die Hintertür zu dir zurück. Egal, wie sehr du das Ungeliebte loswerden und ausmerzen willst, es holt dich ein. Du musst das Ungeliebte, das, mit dem du haderst, nicht loswerden. Es behindert dich nicht. Nimm all die Aspekte an, die du bei dir und deinem Partner als störend empfindest. Wahre Liebe ist allumfassend, sie akzeptiert dich und deinen Partner in eurer Ganzheit und nicht nur eure Sonnenseiten.

Im Kern ist alles nur Liebe, egal welche Erfahrungen du machst, selbst wenn dir dein Partner lieblos begegnet. Was nicht heißen soll, dass du alles hinnehmen musst.

Je friedlicher dein Herz und dein Geist werden, desto stärker fließt die Liebe. Du vermutest nicht mehr hinter allem das Schlechte, das du bekämpfen musst. Trotzdem bist du dabei nicht blauäugig und vertraust nicht jedem. Du sagst genauso wenig zu allem, was dein Partner will und tut, Ja und Amen.

Denn das Ja der Liebe bewegt sich außerhalb der Pole, es umfasst das Ja wie auch das Nein. Das Ja der Liebe beinhaltet die Sonnen- wie die Schattenseiten. Nur der Verstand, mit Urteilen behaftet, spaltet und bewertet. Rational betrachtet erscheint das Leben, besonders aber unsere menschliche Unvollkommenheit hässlich und bedrohlich. Mit den Augen der Liebe betrachtet ist alles, so wie es ist, vollkommen. Auch dein Partner erscheint plötzlich in einem wunderbaren Licht, nicht schöngefärbt und doch in seiner natürlichen Schönheit. Alles, was du an deinem Partner für falsch hältst, sagt mehr über dich aus als über ihn. So, wie er ist, ist er vollkommen. Dein Bild von ihm beruht auf reiner Projektion, die nichts ist als deine Bewertung. Du kannst es dir sparen, an ihm rumzumäkeln. Das bringt nichts. Betrachte ihn lieber neutral, neugierig und liebevoll, so, als wüsstest du nichts über ihn. Du wirst staunen, was die Macht der Liebe bewirken kann.

Vielen Menschen fällt es schwer, Gefühle zu zeigen, ihren Partner wahrzunehmen, seine Besonderheit zu schätzen. Sie fordern, anstatt dankbar zu sein. Wie kann sich da die Größe der Liebe entfalten? Um die große Liebe mit deinem Partner leben zu können, ist auch eine gewisse Offenheit des Herzens, Demut und Dankbarkeit notwendig. Indem du die Menschlichkeit deines Partners, seine Anstrengungen, Ängste, Kämpfe und Schwächen annimmst, anstatt sie zu verurteilen, kann Liebe wirken. Diese Perfektion des Verstandes, die immer nur fordert und an nichts und niemandem ein gutes Haar lässt, macht dich nicht glücklich. Gib lieber all deine Aufmerksamkeit, alle deine Energie der Liebe. Lass sie zu. Alles andere fügt sich. Denn die Liebe verwandelt dich und deine Beziehungen von selbst, und das effektiver und weiser, als alle Bemühungen es können. Gib dich der Größe der Liebe hin. Das ist die Lösung für egal welches Problem, das du zu haben glaubst, sei es eine schwierige Beziehung oder die vergebliche Suche nach dem richtigen Partner.

Es gibt Beziehungen, die oberflächlich betrachtet nicht funktionieren dürften. Und doch macht die Magie der Liebe sie möglich. Es gibt auch Paare, die perfekt zusammenzupassen scheinen, ähnliche Interessen haben und doch fehlt der gewisse Funke in ihrer Beziehung. Ihr Herz ist nicht wirklich berührt. Es geht nicht um die optimale Verpackung, sondern nur um den Kern. Entweder stimmt die Chemie oder nicht. Dem gilt es sich zu fügen. Du kannst nichts manipulieren. Die Liebe fügt, was nicht planbar und erklärbar ist, wo Worte versiegen. Die Magie der Liebe ist nun einmal nicht zu begreifen, herzustellen oder zu berechnen.

Als Betriebswirt und Controller beschäftige ich mich den ganzen Tag mit Zahlen. Ich analysiere Fakten, lese Trends heraus, entdecke Fehlentwicklungen und gebe meine Ergebnisse weiter. Ein recht nüchterner Job, in dem nur Daten zählen. Ich lese keine spirituellen Bücher und habe auch noch nie meditiert. Sich stundenlang hinzusetzen, hat mich nie gereizt. Ich lerne von Barbara, indem ich einfach nur in ihre Energie eintauche. Wir sind so sehr verbunden. Sobald ich ihre Nähe und unsere Liebe spüre, wird etwas in mir automatisch ruhig. Dann verschwinden die Gedanken, und mein Kopf ist leer. Eine innere Stille breitet sich aus. Das Leben ist plötzlich so einfach. Vieles fällt von mir ab und reduziert sich auf das Wesentliche. Was mir vorher noch wichtig erschien, wird plötzlich bedeutungslos. Manchmal erinnere ich mich an diese kraftvolle und gleichzeitig friedliche Macht der Liebe, wenn ich mich mit anderen

Menschen in schwierigen Situationen befinde und dabei bin, mich zu verrennen. Es überrascht mich dann immer wieder, dass es Wunder wirkt, dem anderen wohlwollend zu begegnen. Ein vorher scheinbar unüberwindbares Problem ist plötzlich keins mehr, und es kommt wie von selbst zu einer friedlichen Lösung. Im Zusammensein mit Barbara ist mir die Relativität und Bedeutungslosigkeit von sogenannten Problemen bewusst. Da ist dann nur noch Liebe. Was geschieht, wenn wir nah beieinander sind, entbehrt jeglicher Logik. Es hat einen eigenen Zauber. Würde ich es nicht erleben, könnte ich es nicht glauben. Ich weiß selbst nicht, was da passiert, es ist so.

Für das, was ich besonders dann spüre, wenn ich in Guidos Armen liege, gibt es keine Worte. Ich liege in seinen Armen, wir schweigen, tun nichts, die Zeit vergeht, alles ist zeitlos. Es gibt keine zwei Körper mehr. Wir sind eins. Es ist, als würde sich der Frieden potenzieren und alles absorbieren, einschließlich unserer Körper. Manchmal sind das kurze Momente mit ihm, manchmal auch Stunden. Es ist möglich, uns so nah und doch frei zu sein. Das geschieht einfach von selbst, durch die Magie der Liebe. Unsere gemeinsamen Erfahrungen sind absichtslos, überraschend und fühlen sich doch vertraut an. Was früher eher das innere Erleben betraf, dehnt sich immer mehr auch auf die Materie aus. In den letzten Jahren ist uns oft schwindlig, wenn wir uns küssen, die Beine werden für einen Moment wackelig. Es ist, als würden wir diese Dimension verlassen und doch ganz präsent sein. Allein erlebe ich sowieso, wie ich in allem bin und fließe. Doch zu zweit scheint sich das irgendwie zu potenzieren.

Guido und ich haben nie zusammen energetische oder spirituelle Übungen gemacht, um diese Einheit zu erfahren. Auf die Idee sind wir nicht gekommen. Das geschah immer von selbst. Wir haben nichts gesucht und staunen einfach nur über die Liebe. In dreiundzwanzig Jahren Beziehung müssten wir doch schon alles erlebt haben. Nein, es gibt immer wieder neue Erfahrungen. Am Anfang hatte ich manchmal das Gefühl, dass die Liebe zu Guido, zum Leben, die Liebe an sich zu groß für meinen Körper sei, so als müsste er platzen. Manchmal weinte ich vor Rührung. Meist begleitete mich aber die Angst, ich könnte mich in der Liebe auflösen, in ihr verschwinden. Eines Tages übertrat ich diese Schwelle, und nichts geschah. Ich war in Glückseligkeit, in der Unendlichkeit geborgen. Die Angst vor Auflösung und die damit verbundene Traurigkeit stellten sich fortan nicht mehr ein. Sie wichen dem Geborgensein im größeren Ganzen.

Viele Menschen haben Angst, sich in der Liebe zu verlieren und die Kontrolle aufzugeben. Diese Schwelle zu überschreiten fällt uns meist deshalb so schwer, weil wir befürchten, in tausend Stücke zu zerfallen, unser Ich zu verlieren, zu sterben. Einerseits sehnen wir uns so sehr nach dieser Liebe, andererseits vermeiden wir sie tunlichst. Dabei passiert nichts. Wir sind im Nichts geborgen. Zerfällt das Ich in der Liebe in tausend Stücke, sind wir entgegen aller Befürchtungen nicht verwirrt oder durchgeknallt, sondern frei, klar und geborgen. Ruhe kehrt ein, die Liebe fließt frei, der Alltag geht weiter. Die Erfahrung des Bewusstseins der Einheit allen Seins ist ganz natürlich, aber bei den meisten Menschen in Vergessenheit geraten, weil uns unsere Eltern, die Schule, die Gesellschaft von Kind an auf Trennung, Angst und Mangel programmiert haben. Sie alle gaben ihr Bestes, wussten es nicht besser. Wie auch, schließlich lebt die Menschheit überwiegend im Bewusstsein der Trennung. Wir übersehen die Einheit in und hinter aller Unterschiedlichkeit; wir übersehen, dass nichts getrennt voneinander existiert, sondern alles miteinander verbunden ist und derselben Quelle entspringt. Wir brauchen keine Angst davor zu haben, wenn sich unser Ich hingibt und in der Liebe, der Einheit aufgeht. In der Liebe bist du geborgen. Sie hält dich, führt und überrascht dich immer wieder.

Als ich Guido mit 21 Jahren kennenlernte, staunte ich, was Liebe möglich macht. Es gab in meinem Leben viele emotionale Baustellen. Jahrelang litt ich unter extremen Alpträumen und schlief deshalb lieber nur ein bis drei Stunden, als mich diesem blanken Horror auszusetzen. Meist war mein Kopf voller Gedanken, die sich im Kreis drehten, mich nicht zur Ruhe kommen und schlafen ließen. Dieser ganze Gedankenmüll führte zu nichts, er raubte mir nur den Schlaf. Gott sei Dank brauchte ich schon immer wenig Schlaf. Wenn ich aufwachte, war ich manchmal bewegungsunfähig vor Angst, fühlte nur noch meine Knochen, wie ein Skelett ohne Fleisch. Als ich das erste Mal bei Guido übernachtete, erzählte ich ihm, dass es immer Stunden dauerte, bis ich einschlief. Als ich damals in seinem Arm lag, schlief ich sofort ein. Das war wie ein Wunder. Die Gedanken standen still, ich wurde ruhig und fühlte mich beschützt und geborgen.

Wir kuschelten uns aneinander, lagen gemütlich unter der Decke. Ich freute mich darauf, noch die halbe Nacht mit Barbara zu schmusen und zu quatschen. Wir kannten uns gerade erst und ich wollte so viel von ihr erfahren. Als ich auf eine Frage keine Antwort bekam, glaubte ich, Barbara hätte sie nicht verstanden. Ich schaute sie an. Da lag sie bereits friedlich schlummernd neben mir. So ist es also, wenn man Stunden braucht, um einzuschlafen. Später, als ich miterlebte, wie sie oft nächtelang Alpträume quälten, wurde mir klar, welch großer Vertrauensbeweis dieses „Einschlafen aus dem Stand“ war.

Ich schlief in Guidos Arm immer sofort ein, trotzdem hörten diese entsetzlichen Alpträume nicht auf. Wenn ich wieder einmal schweißgebadet aufwachte, durfte ich Guido wecken. Dafür war ich ihm unendlich dankbar. Selbst nachdem ich aufgewacht war, hatte ich noch Angst, unser Schlafzimmer zu verlassen und allein aufs Klo zu gehen. Guido begleitete mich. Obwohl ich mir damals so wünschte, die Alpträume und Ängste mögen einfach nur verschwinden, waren sie rückblickend unnachgiebige, wertvolle Lehrer, die mir halfen, meinen Ängsten und Schatten in die Augen zu schauen. Meine Alpträume, in denen es sich oft um Gewalt, um Opfer und Täter, um Leben und Tod drehte, halfen mir zu erkennen, dass der Körper zwar vergänglich, aber das Bewusstsein unsterblich ist. Ich wurde gewahr, dass ich alles bin – nicht nur Opfer, sondern auch Täter – und dass sich beide in der Liebe auflösen. Meine Ängste gaukelten mir zwar vor, ich könne an ihnen sterben, aber nichts dergleichen geschah. Denn auch wenn der Körper stirbt, das Wahre, das Ewige bleibt davon unberührt. Jahre später verschwanden diese Alpträume und Ängste schließlich.

All diese unerklärlichen Erfahrungen, die ich mit Guido oder allein machte, spiegeln aber nicht allein die Magie der Liebe wider. Denn das Wunder der Liebe zeigt sich vor allem in der Einfachheit, im Unspektakulären und Alltäglichen. Es macht keinen Sinn, nach besonderen und beglückenden Erfahrungen zu streben. Das begrenzt die Liebe und macht dich bedürftig und suchend. Entweder etwas passiert oder nicht. Ich liebe, was von selbst ist. Darin liegt eine Weisheit. Lass dich von spektakulären Erfahrungen nicht beeindrucken. Sie kommen und gehen. Der Kern zählt. Er ist ewig; und die Liebe, sie ist immer, hier und jetzt, überall. Dazu brauchst du keinen Partner und keine ungewöhnliche Beziehung. Die Liebe fragt nicht nach einem Partner, nach besonderen Ereignissen und Erfahrungen. Sie kennt keine Bedingung. Sie ist nicht exklusiv und nur bestimmten Menschen vorbehalten. Die Liebe ist – jetzt, hier, immer und überall. Du brauchst dich ihr nur zu öffnen. Das gilt für uns alle.

Seelenpartner – welcher ist der Richtige?

Manche Menschen wandern von Partner zu Partner und bekommen immer wieder dieselben Themen präsentiert. Allein daran zeigt sich, dass die Schwierigkeiten in Beziehungen meist nicht am falschen Partner liegen, sondern an der persönlichen Resonanz. Ruhen wir in uns, in der Liebe an sich, lösen sich viele Beziehungsprobleme von selbst auf. Sich selbst so zu lieben, dass es egal ist, mit wem man lebt, trägt einen Funken Wahrheit in sich. Trotzdem sehe ich das umfassend betrachtet anders. Obwohl wir im Kern derselben Quelle entspringen, sind unser Leben, unser Charakter, unser Wesen jeweils individuell und verschieden. Manchen Menschen fühlen wir uns verwandt, sie sind uns vom ersten Moment an vertraut. Mit anderen werden wir selbst nach Jahren nicht wirklich warm.

Obwohl ich eine grundsätzliche Liebe und Verbundenheit zu allen Menschen empfinde und es aus meiner Sicht Liebe und Nicht-Liebe nicht mehr gibt, spüre ich auch heute noch Unterschiede in der Begegnung mit Menschen. Die Menschen sind für mich nicht beliebig und austauschbar geworden.

Deshalb war es mir mit allen Partnern, die ich vor Guido hatte, nicht einmal im Ansatz möglich, das zu leben, was mit ihm selbstverständlich ohne Anstrengung geht. Es lässt sich nicht alles gleich machen. Mit ihm war die Weite, die Bedingungslosigkeit der

Liebe von Anfang an sehr präsent, selbst als ich noch in meinen eigenen Emotionen verstrickt und gefangen war. Es war vom ersten Moment an, als würden wir uns ewig kennen, als wären wir nie getrennt gewesen. Eine Vertrautheit, die nicht herzustellen ist. In einer Beziehung kann man sich einiges erarbeiten, nicht aber diese Seelenverwandtschaft. Guidos Geruch, die Beschaffenheit seines Körpers, sein Wesen, sein Geschmack, der Atem, die Augen, das alles war mir so vertraut - ein Gefühl von tiefem Frieden mit einem Menschen. Ich hatte bis auf ganz kurze Momente nie das Gefühl, mit einem anderen Menschen zusammen zu sein. Wir erlebten von Anfang an eine solche Verbundenheit, die alles bis dahin Gekannte übertraf: ein tiefes Verstehen jenseits von Verstehen. Die Schwingung dieses urverwandten Wesens berührt mich im Innersten. Irgendwie war unser Zusammensein vom ersten Moment an über jeden Zweifel erhaben.

Vor Barbara hatte ich zwei längere Beziehungen. Auch wenn ich nicht genau wusste, wonach ich suchte, war mir innerhalb kürzester Zeit klar, dass ich diese Frauen nie heiraten und mein Leben mit ihnen verbringen würde. Ich wusste, dass noch etwas anderes auf mich wartete. Mit Barbara lief von Anfang an alles anders. Zum ersten Mal habe ich die Initiative ergriffen und eine Frau angesprochen. Ich wollte sie kennen lernen. Dass sie es war, auf die ich immer gewartet hatte, das begriff ich instinktiv schon lange bevor mein Verstand das erfassen konnte.

Für mich stand wie bei Barbara von Kind an immer die Suche nach Frieden und Geborgenheit im Mittelpunkt. Diese Suche verlief bei mir allerdings weniger bewusst und intensiv. Trotzdem war die Priorität klar. Obwohl mir auch beruflicher Erfolg wichtig war, stand in meinem Leben die Liebe und ein friedliches Miteinander immer eindeutig im Vordergrund.

Es ist manchmal schon unheimlich, wie perfekt wir zueinanderpassen. Wir schwimmen einfach auf einer Welle. Das sagt eigentlich alles.

Manche Paare passen hervorragend zueinander, sie bemerken es nur leider nicht. Kaum zu glauben, aber das kommt oft vor. Sie können das Geschenk und die Schönheit, die sich im Wesen ihres Partners offenbaren, einfach nicht erkennen. Sie verfügen zwar über das Potential, zusammen die Größe der Liebe zu leben, wissen sich aber oft nicht zu schätzen oder setzen ihre Messlatte unmenschlich hoch und fern von jeglicher Realität an. Sie finden immer etwas, was ihnen an ihrem Partner nicht passt. Dabei müssten sie nur lernen, das Geschenk zu erkennen, den Partner mit allen Ecken und Kanten zu akzeptieren und vor allem die eigene Enge zu überwinden. Obwohl sie sich sehr lieben und hervorragend zueinander passen, machen sie sich das Leben unnötig schwer. Der Partner muss herhalten, um die persönliche Unzufriedenheit zu rechtfertigen, weil der Mut fehlt, das eigene Potenzial zu verwirklichen. Um eine Art Seelenpartnerschaft zu leben, braucht es eine gewisse innere Reife, ein Gefühl fürs Wesentliche.

Auch Carmen brauchte einige Zeit, um ihren Mann schätzen zu lernen, der ihr zu lahm und zu langweilig war. Sie wollte lieber einen schillernden, charismatischen Partner. Er unterstützte sie beim Aufbau ihrer Praxis, war einfach still und leise immer für sie da. Er liebte sie über alles. Trotzdem fragte sie sich, ob er überhaupt der Richtige sei. Sie wusste ihn nicht zu schätzen und lief romantischen und gesellschaftlichen Illusionen hinterher. Einige Jahre später kam sie einmal wieder wegen einer anderen Thematik zu mir. Nebenbei erzählte sie, dass sie ihren Mann nach so vielen Ehejahren erstmals wirklich wahrnehmen würde, anstatt ihn ständig zu kritisieren und abzuwerten. Bedingt durch ihren persönlichen Druck, besonders gut und erfolgreich sein und viel

Geld verdienen zu müssen, habe sie Dinge von ihm erwartet, die ihm nicht entsprochen hätten. Erst nachdem sie sich in einen anderen Mann, „einen charmanten Draufgänger“, verliebte, für den sie ihren Mann fast verlassen wollte, habe sie erkannt, wie viel Glück sie mit ihm hätte und dass er ein Goldschatz sei. Sie war erstaunt, wie sie so lange blind sein konnte. Ihr Mann blühe richtig auf in dem Gefühl, von ihr geliebt und wahrgenommen zu werden. Plötzlich zeige er Seiten von sich, die sie nie für möglich gehalten hätte. Er wäre jetzt sogar manchmal richtig charmant. Sie hatte in ihrer Unzufriedenheit und Arroganz geglaubt, weiter entwickelt zu sein als er und nicht erkannt, wie er wirklich war.

Die eigene Blindheit verhindert oftmals eine erfüllte Partnerschaft. Wir vermuten das Glück weit weg, obwohl es so nah ist, und erkennen die Geschenke unseres Partners erst, wenn wir ihn verlieren. Falsche Vorstellungen von der Liebe, Illusionen und Hirngespinste verleiten uns, nicht wirklich hinzuschauen und unwesentlichen Schnickschnack überzubewerten.

Bevor ich Guido kennenlernte, traf ich – gerade einmal 19 Jahre alt – in Rom meinen Traummann, der äußerlich betrachtet alle Mädchen-Prinzessinnen-Träume zu erfüllen schien. Ein arabischer Adeliger, 15 Jahre älter als ich, gebildet, mit unglaublichem Charme, reich und extrem gut aussehend. Er wollte mich vom Fleck weg heiraten. Als er plante, mich seinen Eltern vorzustellen, sagte ich Nein. Mir ging das zu schnell, und ich hatte kein Interesse daran, gleich zu heiraten. Sonst ganz Gentleman, flippte er aus: Seine Eltern seien schon informiert. Sie würden sich freuen, mich kennenzulernen. So viele Frauen würden darauf warten und alles tun, um ihn zu heiraten, und ich würde sein Angebot ablehnen. Das hätte er ja noch nie erlebt. Ich sei so besonders, aber dass ich ihn nicht heiraten wolle, wäre ungeheuerlich. Er war völlig außer sich, weil er seinen Willen nicht bekam. Ich suchte das Weite. Er ließ nicht locker, versuchte es immer wieder. Als er feststellte, dass es aussichtslos war, gab er schließlich auf. Dieser Mann war nicht der Richtige für mich, obwohl er oberflächlich betrachtet alles zu haben schien, was eine Frau sich wünschen kann. Ich war nun einmal nicht mit Eitelkeiten, Schmeicheleien und schon gar nicht mit Geld um den Finger zu wickeln.

Guido war Student, hat keine reichen Eltern, er war nicht schillernd und entsprach überhaupt nicht meinem Bild von einem Traummann. Doch in ihm spürte ich etwas sehr Kostbares, Reines, er war ein ungeschliffener Diamant, wertvoll auf einer immateriellen Ebene. Selbst sein Heiratsantrag war extrem schlicht. Mit 25 kam ich nach einer zweiwöchigen Reise, die ich allein unternahm, aus Malaysia zurück. Während der Reise trug ich ein Foto von ihm bei mir. Nachts schlief ich allein in einem Doppelzimmer und legte sein Bild auf das leere Kopfkissen neben mir. Lustigerweise erzählte mir Guido später, dass er das Gleiche mit einem Foto von mir gemacht hätte. Zweimal hörte ich völlig zusammenhangslos in Malaysia die Worte in mir: „Ich bereite mich aufs Heiraten vor." Ich verwarf das sofort wieder. Denn davon war schließlich nie die Rede gewesen. Außerdem wollte ich nie heiraten. Bei meiner Ankunft am Flughafen von Langkawi hatte mich Peter, ein Single aus München, angesprochen, der genau wie ich und ein junges Paar nur einen Flug gebucht und noch kein Hotel hatte. Wir vier verbrachten unseren Urlaub zusammen. Peter unternahm ständig Annäherungsversuche. Es gab keine Frage, kein Zögern. Ich musste nicht im mindesten mit mir ringen, weil glasklar war: Ich wollte nur mit Guido sein und mit keinem anderen. Es kam mir so vor, als wollte mich das Leben testen. Es gab nichts zu testen.

Guido holte mich nach der Reise vom Flughafen in München ab und wollte mit mir zu einem unserer zwei Lieblingsplätze – zum Hochstand an der Waldlichtung oder an den See – fahren. Ich hingegen wollte nach dem langen Flug lieber direkt nach Hause. Er bestand aber darauf, dass wir zum Hochsitz fuhren, wo wir schon manche innige und stille Minute miteinander verbracht hatten. Dort stand er mit einer einzigen schlichten rosafarbenen Rose vor mir und fragte mich, ob ich ihn heiraten wolle. Die Tränen standen ihm dabei in den Augen. Ich sagte sofort, ohne nur eine Sekunde zu überlegen, voller Freude: „Ja." Er berührte mein Herz mit dieser Schlichtheit. Nichts Spektakuläres, nicht Millionen von Luftballons, kein Ring, keine besondere Reise oder irgendein anderer Schnickschnack. Ich hatte immer den Anspruch, wenn ich denn überhaupt jemals heiraten würde, müsse sich dieser Mann etwas Großartiges einfallen lassen. Guido war weiser als all meine Wünsche und Vorstellungen. Genau diese Reinheit und Echtheit berührt mich immer wieder und lässt mich dankbar und still werden.

Als ich Barbara den Heiratsantrag machte, lebten wir schon viereinhalb Jahre zusammen. Die ganze Zeit wusste ich: Mit ihr will ich mein Leben verbringen. Zum Zeitpunkt des Antrags war nichts anders als vorher. Dennoch war es genau der richtige Moment. Unser Leben hatte ein wenig mehr geregelte Formen angenommen und ich konnte uns, das war mir wichtig, inzwischen auch „ernähren". Jetzt war die Zeit gekommen, den nächsten Schritt zu wagen. Ich wusste bald: Wenn sie aus Malaysia zurückkommt, werde ich sie fragen. Ich wollte ein Zeichen setzen, um zum Ausdruck zu bringen: „Du bist die Frau, die ich liebe." Aus steuerlichen Gründen zu heiraten, weil man sowieso schon so lange zusammenlebt oder Kinder haben will, wäre für mich nie ein Argument gewesen. Mir ging es einzig um unsere Liebe.

Intensive Wochen folgten. Ich wollte mir etwas Besonderes einfallen lassen, um den Rahmen dem Anlass angemessen zu gestalten. Es war gerade die Zeit der Hochzeitsshows im Fernsehen. Bombastische Szenarien wurden aufgefahren, um „diesen Moment" so großartig wie möglich erscheinen zu lassen. Ich dachte auch sehr viel über extravagante Orte nach und was wohl der schönste Rahmen wäre. Mitten in diesen Gedankenströmen hielt ich plötzlich inne. Ich hatte das Wichtigste vergessen. In den wunderschön konstruierten Szenarien konnte ich mich selbst nicht finden. Das entsprach mir alles nicht. Wichtig war mir doch nur mein Gefühl, die Liebe, die ich zu Barbara fühlte. Mehr brauchte ich nicht. Alles, was nicht wichtig und nicht „Guido" war, habe ich gestrichen. Übrig geblieben ist nur ein Mensch, der sein Herz in der Hand hielt und es für ewig verschenken wollte. Dazu brauchte es lediglich einen Platz mit ein wenig Stille und Vertrautheit. Auf der Fahrt zum Flughafen habe ich mit mir selber gesprochen und versucht, den Worten „Willst du meine Frau werden?" das nötige Gewicht und den richtigen Ausdruck zu verleihen. Wieder war ich auf dem Holzweg. Das funktionierte nicht. Ich hörte damit auf und vertraute darauf, in der Situation selbst auszudrücken, was ich fühlte. Genau so habe ich es dann gemacht. War wohl nicht so schlecht, denn ich war erfolgreich.

Es mag ein wenig altmodisch klingen, aber nachdem Barbara Ja gesagt hatte, war es mir ein Anliegen, ganz offiziell bei ihrem Vater um ihre Hand anzuhalten. Dazu habe ich einen richtig guten alten Cognac besorgt und mich bei unserem nächsten Besuch mit ihm auf ein Gespräch unter Männern zurückgezogen. Mir war schon klar, dass er mir diesen Wunsch nicht verwehren würde, dennoch war ich ein wenig nervös. Natürlich hätten wir trotzdem geheiratet, auch wenn er Nein gesagt hätte.

Mein Vater hat sich wirklich gefreut, seine verrückte Tochter in guten Händen zu wissen. Gleich am Anfang, als ich Guido kennenlernte, sagte er: „Dieser Mann ist das Beste, was dir passieren konnte." Er wusste das schon, bevor mir das selbst in vollem Ausmaß klar war.

Ja, wer ist der Richtige? Das kann dir nur die Fügung und vor allem dein Herz beantworten. Davon abgesehen ist der Richtige immer der, mit dem du gerade bist, und sei es nur, um zu lernen oder dir bewusst zu werden, was du nicht willst. Vielleicht ist aber dein Traumprinz schon der Mann an deiner Seite, und du hast es nur noch nicht erkannt.

Nur was tun, wenn der Richtige sich nicht findet? Familienaufstellungen machen, Ursachen und Blockaden auflösen, das Suchen aufgeben, sich auf ein Abenteuer einlassen, das Bestmögliche mitnehmen oder im Internet nach einem Partner suchen? Eine Partnerschaftsannonce aufzugeben, was früher vielen peinlich war (so als hätte man es nötig), ist heute gang und gäbe. Alle Wege können nach Rom führen, auch eine Annonce.

Ein Paar mittleren Alters, das mit mir auf einer Seminarreise auf Bali war, beide geschieden mit Kindern aus erster Ehe, lernte sich per Internet kennen. Sie haben sich wirklich gesucht und gefunden und wissen einander zu schätzen. Ihre Liebe und ihr spezieller, sehr ausgeprägter Humor verbindet sie. Sie gab in die Suchmaske ein, dass sie einen Mann im Umkreis von fünf Kilometern suche. Für mich unvorstellbar. Aber es klappte. Genauso gut kannst du fünf Jahre suchen und nichts passiert. Es gibt keine Garantie. Es mag Sinn machen, deine inneren Widerstände anzuschauen. Aber ist es immer gleich eine Blockade, wenn du einfach einmal eine Zeit allein leben sollst? Du kannst aus allem ein Problem machen oder dich der Weisheit des Lebens anvertrauen, die sagt, dass es momentan das Beste für dich ist, allein zu leben. Einige treffen, so wie ich, ihren Partner erst, wenn sie keinen mehr wollen und die Nase voll haben; andere, wenn sie sich trauen, endlich auf eine Partnerschaftsanzeige zu antworten. Nichts ist ausgeschlossen, alles ist möglich.

Macht es vielleicht Sinn, sich den richtigen Partner beim Universum zu bestellen, werde ich manchmal gefragt. Mich lehrte das Leben, dass es weiser als alle Wünsche ist. In Demut und Hingabe das zu akzeptieren und zu lieben, was gerade ist, hilft meist mehr, als sich etwas zu wünschen. Außerdem kann dir nichts, was du dir wünschst, sei es der richtige Partner, beruflicher Erfolg oder ein schönes Haus, das schenken, was du wirklich suchst. Du bleibst trotzdem immer hungrig. Jeder Wunsch, jede Suche endet in der Liebe des Seins, dann, wenn du dich in deinem Leben, wie es gerade ist, geborgen fühlst.

Wenn ich mir eine Partnerin beim Universum bestellt hätte, wäre sicher nicht Barbara dabei herausgekommen. Äußerlich bin ich immer auf einen südländischen Typ „abgefahren“. Dunkle Haare und braune Augen, das entsprach damals meinem Ideal. Gott sei Dank hatte ich da kein Mitspracherecht. Barbara hätte ich niemals erfinden können, diesen besonderen Zauber, der von ihr ausgeht, diese Mischung aus eleganter Frau und Rotznase. Das Leben hat es mal wieder besser gewusst. Und letztlich sind meine Herzenswünsche doch in Erfüllung gegangen.

Wenn du den Wunsch nach einem Partner hast, begegnest du ihm, falls du ihm begegnen sollst. Und wenn nicht, kannst du dir wünschen, was du willst. Warum solltest du aber deinen Wunsch nicht trotzdem zulassen? Wenn es dir gut tut, willkommen. Doch viele Menschen leiden darunter, wenn sie an einem Wunsch festhalten und er sich nicht erfüllt. Sie spüren Mangel und übersehen die Fülle in ihrem Leben, die auch vorhanden ist, wenn sie alleine leben. Die Liebe an sich ist nicht an einzelne Personen, auch nicht an eine Art Seelenpartnerschaft gebunden. Die Liebe ist dein Sein. Du kannst in der Liebe geborgen und glücklich sein, auch wenn du die perfekte Ergänzung nicht gefunden hast.

Anfangs brachte ich dieses vollkommene Glück nur mit Guido in Verbindung. Ein „Ich" glaubt ein „Du" für die Liebe zu brauchen, um erfüllt und glücklich zu sein. In solchen Momenten war meine Liebe personengebunden und nicht als Dasein an sich präsent. Das erzeugte Schmerz. Wenn ich besonders glücklich mit Guido war, weinte ich oftmals bei der Vorstellung, ich könnte ihn verlieren, er könnte sterben oder mit einer anderen Frau sein. Manchmal schluchzte ich in den Momenten größten Glücks, weil ich spürte, wie vergänglich das Leben mit ihm, das Leben in einem Körper ist und dass es keine Sicherheit gibt, nicht einmal für einen Moment. Mir war bewusst, dass ich mein Glück in manchen Momenten von Guido abhängig machte. Mich davon zu lösen, ließ sich nicht erzwingen. Eines Tages geschah es von selbst in einem Traum, den ich schon in meinem Buch „Erwachen ist einfach" genauer beschrieben habe. In diesem Traum ging ich im Meer unter, nahm Abschied von Guido, um im Meer des Seins, der Unendlichkeit aufzugehen. Ich wachte weinend auf. Da starb die Anhaftung, doch Liebe blieb – frei. Trotz dieser Freiheit der Liebe, die ich seitdem empfinde, hat sich unsere Beziehung wenig verändert und nicht einmal im Ansatz etwas von den freiheitlichen Beziehungsvorstellungen der 68er. Für manche mag sie sogar sehr eng und bieder wirken. Wenn ich unterwegs bin, telefonieren wir fast jeden Tag, wir sind stark auf einander bezogen. Ich liebe „unsere kleine Welt", wie Guido sie manchmal nennt. Vieles von dem, was mit Freiheit assoziiert wird, erfüllen wir ganz und gar nicht. Die Freiheit der Liebe ist keine Frage äußerer Merkmale. Sie betrifft die innere Dimension.

Solange ich der Meinung war, ich müsse doch, wie Barbara, auch allein jederzeit diesen Frieden spüren, empfand ich Unzufriedenheit. Hatte ich doch den Anspruch an mich, „weiter" sein zu müssen. Ich brauchte einige Zeit, um zu akzeptieren, dass ich nicht freier sein musste. Damit hat sich mir schließlich eine neue Freiheit und Unabhängigkeit eröffnet.

Mit Barbara erfahre ich einen Frieden, der nicht zu beschreiben ist. Sie ist manchmal eine Art Anker für mich, durch den ich in mir ankommen kann. Den Schritt, das immer auch unabhängig von ihr zu fühlen, habe ich noch nicht vollzogen. Das ist mir auch nicht mehr wichtig. Ich bin mit meinem Leben glücklich, wie es ist. Sollte das geschehen, nehme ich es an, aber das anzustreben ist nicht meine Art.

Manche Menschen sind der Meinung, jeder müsse in einer Partnerschaft doch seine Freiheit leben und eigenen Interessen nachgehen. Meine Zeit mit Barbara zu verbringen, ist mir das Liebste. Warum sollte ich nur aus Gründen falsch verstandener Freiheit etwas anderes tun? Das empfände ich als unfrei, weil ich mir ein Ideal aufzwingen und entgegen meiner Empfindung handeln würde. Warum sollte ich jetzt mehr Zeit mit Freunden verbringen, mir andere Freizeitbeschäftigungen suchen, um mich nicht allein zu fühlen, falls ich Barbara einmal verlieren sollte. – Ob ich überhaupt damit ein Problem hätte, weiß doch niemand. Mich absichern, wofür? Diese Liebe ist gerade deshalb so wunderbar, weil wir uns beide ohne doppelten Boden und Sicherheitsnetz darauf einlassen.

Es gilt, dich der Liebe ganz hinzugeben, egal ob du ohne Partner lebst, den Richtigen gefunden hast, gerade frisch verliebt oder schon fünfzig Jahre verheiratet bist. Wir sitzen alle im selben Boot. Denn auch in einer Art Seelenpartnerschaft zu leben, bedeutet nicht das Ende der Suche. Sie endet erst in der Liebe an sich und nicht allein durch einen Partner. Ob du den Richtigen gefunden hast oder nicht, macht dabei keinen Unterschied. Wesentlich ist, in der All-Liebe geborgen zu sein, sonst fühlst du dich immer von der Liebe, dem Verhalten eines anderen Menschen abhängig und gehst viel zu viele Kompromisse ein.

Bist du mit deinem Partner inzwischen nur noch aus Bequemlichkeit oder wegen der Kinder zusammen? Hast du Angst davor, dich wirklich einzulassen? Vermeidest du das Risiko, nackt und ohne Auffangnetz dazustehen? Glaubst du, niemand anderen mehr zu finden? Arrangierst du dich lieber, bevor du ohne Partner da stehst?

Das ist absolut okay, wenn es für dich passt. Doch wenn du unzufrieden bist und in deiner Beziehung etwas vermisst, liegt das entweder daran, dass du dir deiner eigenen Vollständigkeit nicht bewusst bist, oder daran, dass deine Partnerschaft nicht wirklich passt und du dich aus Bequemlichkeit arrangierst. Viele Menschen sind nur aus Verstandes-, Geld-, Prestige- und Abhängigkeitsgründen zusammen. Manchen ist das nicht bewusst. Gründe gibt es viele: die finanzielle Sicherheit, die Kinder, die Angst davor, allein zu sein, alles hinter sich zu lassen und das Leben aus eigener Kraft nochmals neu zu gestalten. Was ist dir wichtiger: die Liebe, ein lebendiges Leben oder die scheinbare emotionale oder finanzielle Sicherheit? Willst du lieber Erwartungen erfüllen und es bequem haben? Es bequem haben zu wollen, kann manchmal einen hohen Preis kosten und viel unbequemer sein, als einmal den Mut aufzubringen, den zunächst unbequemeren Weg zu gehen. Nichts ist beglückender, als mit dem Fluss des Lebens zu fließen, ohne jedes Auffangnetz.

Egal, wie sehr du versuchst, dich abzusichern und zu schützen, es hilft nichts. Es gibt keinen wirklichen Schutz, nichts, woran du dich festhalten kannst. Dabei bist du ausgerechnet nackt sicherer denn je.

Zu viele Kompromisse helfen der Liebe jedenfalls nicht. Wenn du dich mit zu viel arrangierst, was dir nicht entspricht, nur weil du dich absichern willst, musst du dich nicht wundern. So ist es auch Kristin ergangen, einer vierzigjährigen Tänzerin. Sie arrangierte sich und folgte nicht ihrem Herzen. Obwohl sie sich nicht sicher war, ob ihr Partner der Richtige sei, heiratete sie ihn. Sie überlegte zuvor ein Jahr lang, ob sie den Heiratsantrag ihres Freundes annehmen sollte. Im Alltag passte es zwar, aber etwas Wesentliches fehlte. Zwischenzeitlich war sie sogar in einen anderen Mann verliebt. Mit ihrem Freund konnte sie sich nicht wirklich austauschen, meist fühlte sie sich von ihm sogar unverstanden. Wirkliche Nähe war nicht möglich, so als würden sie in unterschiedlichen Welten leben, aber in einigen weltlichen Dingen harmonierten sie gut. Sie fragte mich um Rat.

Ich sagte zu ihr: „Wenn du dir nicht wirklich sicher bist, lass es, sonst würde sich die Frage nicht stellen. Du musst ja nicht heiraten."

Sie reagierte ganz entsetzt: „Aber, ich will doch Kinder haben, ich bin schon vierzig Jahre alt. Ich habe keine Zeit mehr."

Ich antwortete: „Du kannst auch noch einen anderen Mann kennenlernen, mit ihm Kinder haben oder ohne Kinder glücklich sein."

Für sie war es undenkbar, sich dem Nichts zu stellen und das Leben entscheiden zu lassen. Also schwieg ich, denn ich merkte, dass sie große Angst hatte und nicht bereit war, der wahren Liebe alles zu geben. Sie ging lieber Kompromisse ein, um endlich verheiratet zu sein und Kinder zu bekommen. Das Leben wollte seinen Lauf nehmen. Ich spürte, dass das Leben selbst sie lehren würde und es nicht meine Aufgabe war, das zu tun, nur um etwas zu erzwingen, wozu sie selbst nicht bereit war. Ich fühlte dabei Frieden, ein tiefes Einverstandensein damit, wie alles im Leben seinen Lauf nimmt. Es bestand keine Notwendigkeit, das aufzuhalten. Es ist auch nicht möglich.

Die beiden heirateten, und ihre Probleme nahmen zu. Ihr sehnlichster Wunsch war es, endlich Kinder zu bekommen. Sie versuchte, schwanger zu werden. Das entwickelte sich fast zu einer Besessenheit. Doch nichts half, nicht einmal mehrere künstliche Befruchtungen. Ein paar Jahre nach der Hochzeit diagnostizierte man bei Kristin Krebs. Diese Erschütterung half ihr, wirklich hinzuschauen. Ihr wurde klar, dass vieles in ihrem Leben von Angst und Vernunft geprägt war. Nicht umsonst hatte sie jahrelang heftigste Migräne. Sie lernte einen anderen Mann kennen und spürte zum ersten Mal, dass das, was sie sich immer ersehnt hatte, nämlich wirkliche Nähe mit einem anderen Menschen zu erfahren, möglich ist. Sie trennte sich von ihrem Mann, kündigte ihre Arbeitsstelle und setzte ihren beruflichen Traum um. Sie wollte im Angesicht eines möglichen baldigen Todes ihre Zeit nicht mehr mit Angst und vernunftgesteuerten Kompromissen verschwenden, sondern ihrem Herzen folgen. Sie wusste, dass der Krebs ihre Chance zur inneren Heilung war. So viel Angst sie damals hatte, so mutig war sie nun, bereit sich der Lücke, dem Ungewissen zu stellen und mit dem Fluss des Lebens zu fließen. Wie schnell und klar die Krebserkrankung sie auf den Punkt brachte! Heute ist sie geheilt. Der Krebs hatte seine Funktion erfüllt. Ich habe mit einigen an Krebs erkrankten Menschen gearbeitet. Der Krebs rüttelte sie wach, um ihr Leben tiefgreifend zu verändern. Es ist, als zeige er ihnen die Notwendigkeit und als gäbe er ihnen die Erlaubnis, das zu tun, was sie sich selbst vorher verwehrt hatten.

Wie kann sich das Höchste entfalten, wenn wir uns absichern wollen und illusionären Ängsten folgen. Unsere kollektiven Glaubenssätze basieren auf Angst, Mangel und Leiden, auf der Bedrohung unserer Existenz und unseres Besitzes. Aus Angst und dem damit verbundenen Bedürfnis nach Sicherheit vergessen wir die Liebe, die Fülle im Dasein selbst. Erinnere dich an dein wahres Sein. Gib dich nicht mit weniger zufrieden. Es ist möglich, im Frieden, im Bewusstsein der Einheit zu ruhen. Es geschieht immer mehr Menschen.

Diese Kompromisslosigkeit in der Liebe, ihr bedingungslos zu folgen, in ihr zu ruhen, sehe ich als Schlüssel. Ich weiß nicht, ob dann jeder eine Art Seelenpartnerschaft findet, aber darum geht es gar nicht. Wenn du dich bedingungslos der Liebe, dem Leben an sich hingibst, vermisst du nichts.

Es geht nicht um einen verklärten Blick auf eine Seelenpartnerschaft, als gäbe es dort alle Erfüllung. Das nährt die Abhängigkeit. Wir sind nicht nur eine Hälfte und erst vollständig mit einem Partner. Unser Dasein ist vollständig an sich. Trotzdem gibt es in der Dualität Mann und Frau einen Pol und einen Gegenpol und damit verbunden eine Anziehung. Das macht das Leben bunt. Es ist wundervoll, die Liebe mit einem Partner, mit Freunden und Verwandten zu teilen. Das bereichert uns.

Für viele Paare sind Seelenverwandtschaft und die damit verbundene Nähe nicht so wichtig. Sie haben unterschiedliche Hobbys und Freunde. Auch der Beruf und die Kinder fordern ihre Aufmerksamkeit. Einige Beziehungen basieren darauf, Eltern von Kindern und sehr alltagstauglich zu sein. Die Liebe als Paar scheint nicht so wichtig zu sein. Wenn es für beide passt, prima. Die Liebe beschränkt sich nicht auf das Zusammensein. Sie ist umfassender, sie kann viele Formen annehmen. Die Großartigkeit der Liebe offenbart sich, ob wir in einer Partnerschaft leben oder nicht. Sie ist immer und für alle da. Da fehlt nichts. Wenn die Bewusstseinsschleier fallen, ist alles Liebe. Gibst du dich der Weite der Liebe hin, bist du geborgen, was immer auch geschieht. Seit ich in diesem Bewusstsein ungeteilt bin, trage ich eine tiefe Ruhe in mir. Egal was geschieht, es hat nicht mehr die

Kraft, mich leiden zu lassen. Die Liebe löschte das Leiden aus. Ich möchte dir Mut machen, der Liebe an sich, mit oder ohne Partnerschaft, alles hinzugeben. Es lohnt sich. Mir geht es nicht darum, die Suche nach dem perfekten Seelenpartner zu unterstützen, ich möchte vielmehr bewusst machen, dass die Liebe für uns alle da ist, immer. Sie ist die Erfüllung aller Träume. Jede Sehnsucht endet in dem Gefühl, geborgen im Leben, in der Liebe an sich zu sein. Denn letztendlich ist die scheinbar persönliche Liebe nicht persönlich und nicht getrennt von der kosmischen, universellen Liebe. Am Ende bleibt nur Eine Liebe, Ein-Sein in und mit allem.

Ich würde unsere Beziehung auch nicht als eine Art Seelenpartnerschaft bezeichnen, obwohl unsere Erfahrungen oft dementsprechende Erklärungsmodelle bedienen. Das würde nur wieder die Liebe begrenzen und ausschließlich machen. Ich habe kein Erklärungsmodell für Seelenpartnerschaften. In der Liebe löst sich alles auf, nichts bleibt, keine Erklärung, keine Form, keine getrennten Seelen, nur Eins-Sein. Wir könnten ewig über die Liebe, über Seelenpartnerschaft, über alles im Leben diskutieren und irgendwelche Theorien entwickeln. Alles ist irgendwie wahr und nicht wahr. Mir geht es nicht darum, die Wirklichkeit einzuordnen. Sie lässt sich nicht einfangen. Jede Meinung ist immer nur ein kleiner Ausschnitt. Das Leben ist zu groß, um es zu begreifen, und verfügt über eine Intelligenz, die nicht zu toppen ist, deswegen versuche ich es erst gar nicht, sondern fließe mit dem Leben, bin einfach nur und erfahre. Wir wissen auch nicht, welche Absicht das Leben damit verfolgt, dich allein oder mit deinem Partner leben zu lassen. Wir müssen das auch nicht wissen. Es ist, wie es ist.

Vor kurzem kam Katrin, eine junge Frau Ende dreißig, zu mir, weil sie verzweifelt auf ihre große Liebe wartete. Sie hatte das Gefühl, weder ihr Beruf, die Freunde, noch die kleinen Dinge des Lebens könnten ihr das geben, wonach sie sich sehnte. Sie wollte von mir wissen, was sie machen könne, um diese Fixierung endlich loszuwerden. Dabei hatte sie schon so viele Ratschläge bekommen und so vieles ausprobiert, aber ihre tiefe Sehnsucht nach einem Partner verging nicht. Alles hatte sie versucht: verschiedene therapeutische Methoden, um mögliche Blockaden zu ergründen; Familienaufstellungen; Partnerschaftssuche im Internet. Jedes Mal schöpft sie aufs Neue Hoffnung, nur um anschließend wieder das Gefühl zu haben, dass das sowieso hoffnungslos sei und irgendetwas mit ihr nicht stimme, weil sie in ihrem Alter immer noch alleine war. Es gäbe zwar genügend Männer, die sich für sie interessierten, aber bis jetzt habe es einfach mit niemandem gepasst. Sie warte auf ihren „Seelenpartner".

Hinter dieser Sehnsucht nach dem Seelenpartner steht letztendlich die Sehnsucht nach der Liebe, nach dem Eins-Sein an sich. Doch darin zu ruhen lässt sich genauso wenig erzwingen, wie den Partner fürs Leben zu finden. Katrin hatte bereits alles versucht, war der Anstrengungen, der Versuche müde. Ich konnte diese Fixierung spüren und fühlte mit. Es ging nicht um weitere Anstrengungen, sondern darum, die Dinge sich fügen zu lassen.

Was tun in scheinbar aussichtslosen Situationen, für die du jede Anstrengung in Kauf genommen hast, und die doch nicht zu dem erwünschten Ergebnis führten? Den Richtigen kennenzulernen, kannst du genauso wenig erzwingen, wie deinen Partner zu verändern. Gerade in den Situationen, in denen du verzweifelt an deine Grenzen stößt, nicht mehr weiter weißt, glaubst, alles versucht und versagt zu haben, zeigt dir das Leben, dass du es nicht unter Kontrolle hast. Niemals. Es wird dir auf einmal nur ganz deutlich. Es geht nicht um noch mehr Anstrengung, sondern um Hingabe, weil du den Fluss des Lebens nicht aufhalten kannst. Akzeptiere, dass die Weisheit des Lebens ihren eigenen Plan zu deinem Wohle verfolgt. Lass dich in die Arme der Liebe fallen, erkenne das Größere an. Diese Frau sagte zu mir, dass sie das Gefühl habe, nichts wäre für sie so bedeutend wie die große Liebe, ihren Mann, zu finden. Warum sollte ich sie von etwas anderem überzeugen? Indem ich ihre Situation akzeptierte, einfach mit ihr war und mitfühlte, ihre Erfahrung teilte, die Sinnlosigkeit, die Leere, die Verzweiflung, die Hoffnungslosigkeit, all die Gefühle, die sie loswerden wollte und die sie immer wieder einholten, lag ein tiefer Frieden, Liebe an sich.

In der Leere, der Traurigkeit liegt Frieden, kein Schrecken. Da ist nichts. Wenn du keine Meinung dazu hast und keinen Widerstand leistest, bist du darin erfüllt und geborgen. Zu allem haben wir immer eine Meinung, Tipps und Ratschläge parat. Wie wäre es, die Dinge einfach so zu akzeptieren, wie sie sind? Es brauchte Zeit, bis Katrin ihre Situation, ihre Sehnsucht und auch ihre Traurigkeit annahm. Erst dann begegnete sie witzigerweise ihrem jetzigen Partner.

Woher weißt du, dass du jetzt nicht allein leben, sondern einen Partner haben solltest? Woher weißt du, dass dein Partner anders sein sollte? Vielleicht weiß es das Leben besser. Vielleicht solltest du dich einfach verneigen. Vielleicht ist es perfekt, wie es ist, und du hast die Vollkommenheit in deinem Leben nur noch nicht erkannt. Vielleicht ist die Liebe, nach der du suchst, schon jetzt in dir, mit dir, immer.

Gegensätze ziehen sich an?

Natürlich ist es auch die unglaubliche „Verwandtschaft", die unsere Beziehung magisch macht. Wir sprechen meist dieselbe Sprache, haben einen sehr ähnlichen Geschmack, sind uns so ähnlich, dass wir immer wieder darüber staunen. Wir empfinden oft ähnlich, lieben beide die Natur, joggen zusammen, gehen gerne wandern, lieben Reisen in ferne Länder und Skilaufen.

> *Früher habe ich gesurft und Golf gespielt. Beides machte mir echt Spaß. Allerdings nehmen beide Sportarten viel Zeit in Anspruch. Da ich meine Zeit am liebsten gemeinsam mit Barbara verbringe und wir uns sowieso nicht so viel sehen, machen wir Sportarten, die uns beiden liegen. Wir bewegen uns auch leistungsmäßig auf demselben Niveau. Keiner muss auf den anderen warten, sich zurückhalten oder überanstrengen. Wir sind auch noch die optimalen Sportpartner. Trotz dieser unglaublichen Übereinstimmungen sind es für mich weder die Gegensätze, noch die Gemeinsamkeiten, die sich anziehen, sondern unsere Herzen.*

In manchem sind wir aber auch sehr unterschiedlich: Ich bin meist schnell, spontan, dynamisch, Guido eher bedächtig. Er überlegt, bevor er etwas tut, ich lege meistens einfach los und spüre währenddessen, wie es passt. Ich habe einen ganz anderen Arbeitsrhythmus als Guido. Er kann sehr gut über lange Strecken arbeiten. Ich hingegen habe in der Regel extreme und kreative Schübe, arbeite dann sehr intensiv und hochkonzentriert, ohne erschöpft zu sein. Allen anderen um mich herum wird schwindelig bei dem Tempo und der Ausdauer. Dann wiederum liebe ich auch die totale Ruhe. Nichts tun und auf dem Sofa sitzen. Guido ist viel stetiger und vielseitiger. Er gleicht einem beständigen Felsen, ich eher einem bunten Vogel.

Wenn uns jemand von außen betrachtet, sind wir auf den ersten Blick sicher sehr unterschiedlich. Ich wirke eher etwas konservativer, vielleicht sogar bieder. Barbara ist strahlender, quirliger. Ich bin handwerklich gut drauf, sie kann super organisieren. Ich gehe in Hotels, frage nach Zimmerpreisen, Barbara verhandelt perfekt. Unsere Fähigkeiten ergänzen sich optimal. In vielem sind wir sehr unterschiedlich, im Kern aber extrem ähnlich. Auch die Sicht auf das Leben, also wie wir Dinge und Situationen empfinden und wahrnehmen, verbindet uns.

Eine frühere Arbeitskollegin sagte zu mir: „Den Guido habe ich mir ganz anders vorgestellt. Ich dachte, der ist so exotisch wie du. Der wirkt so normal, so solide." Da musste ich lachen. Ich finde gerade das sehr angenehm. Zwei von meiner Sorte wären zu viel. Guido ist auch beruflich anders ausgerichtet. Dass er in der Wirtschaft arbeitet, eröffnet mir ganz neue, spannende Blickwinkel auf die Welt, die ich sehr interessant und bereichernd finde.

In all den Jahren, die ich mit vielen Menschen gearbeitet und verschiedenste Beziehungen erlebt habe, stellte ich immer wieder fest, dass zu viel Unterschiedlichkeit eine Partnerschaft sehr belasten kann. Wenn euer Kern nicht gleich schwingt, wird es sehr schwierig, eine entspannte Beziehung zu führen. Diskussionen über Diskussionen folgen, und der Versuch, euch anzugleichen, führt meist zu Frustration. Manches lässt sich nicht angleichen, das wäre auch zu schade. Egal, wie sehr sich jeder von euch auch bemüht: Keiner kann auf Dauer anders sein, als er ist. Jeder wünscht sich, der andere möge ihn besser verstehen und seine Interessen teilen. Jeder fordert nur vom anderen und übersieht dabei, wie wenig er sich selbst Mühe gibt, sich aufrichtig in den anderen einzufühlen. Dabei geht es oft nur darum, eure Andersartigkeit zu akzeptieren. Eure Beziehung entspannt sich, wenn jeder den anderen sein lässt und nicht vom anderen erwartet, er müsse gleich schwingen. Wenn ihr eure Andersartigkeit akzeptiert, kann Frieden einkehren.

Selbst wenn ihr sehr unterschiedlich seid und euch nicht verstehen könnt, muss das kein Problem sein. Letztendlich sitzt ihr beide im selben Boot. Keiner kann den anderen verstehen. Das ist dann einfach so. Du kannst das mit Humor nehmen und mitfühlen, dass es deinem Partner so wie dir ergeht. Das Gemeinsame ist doch: Ihr versteht euch nicht. Wo ist das Problem? Es wird nur ein Problem, wenn du die Erwartung hast, das müsse anders sein. Wer sagt, dass der Partner immer alles verstehen, dieselbe Meinung haben und auf derselben Welle reiten muss? Andersartigkeit und Vielfalt können eine große Bereicherung sein. Es macht keinen Sinn, Übereinstimmungen zu idealisieren. Liebe drückt sich so vielfältig aus. Sie ist nicht von Gemeinsamkeiten abhängig. In der Unterschiedlichkeit liegen genauso Geschenke wie in Gemeinsamkeiten. Oft ist nur die mangelnde Akzeptanz das Problem. Ein Partner versucht, dem anderen seine Sichtweise aufzudrängen oder mäkelt ständig an ihm herum. Selbst in vielen langjährigen Beziehungen haben beide Partner manchmal nicht wirklich Ja zueinander gesagt. Denn nur das allumfassende Ja der Liebe überwindet Unüberwindbares und vereint das Gegensätzliche, das Unvereinbare. Das Ja zueinander aus der Tiefe des Herzens bedeutet allerdings nicht, unkritisch zu sein. Es bewegt sich nur jenseits von richtig und falsch, von Erwartungen und Bedingungen. Es umfasst alles und liebt einfach.

Unser bedingungsloses Ja zueinander hat es uns von Anfang an sehr leicht gemacht. Wir wussten einfach beide: Es gibt keine

Steigerung. Was hätten wir noch wünschen können? Da war kein Wunsch mehr offen. Wir wussten um die Gnade, um dieses absolut nicht selbstverständliche Geschenk. Ab einem bestimmten Zeitpunkt standen wir beide nackt da. Keiner von uns war halbherzig, keiner hatte Zweifel. Trotzdem mäkelte ich manchmal an Guido rum - doch die Liebe ließ mich postwendend meine Illusionen und meine Arroganz erkennen und still werden. In den vielen abenteuerlichen, intensiven und kurzen Partnerschaften vor Guido spürte ich jedes Mal, dass das nicht die Beziehung war, die ich von Herzen wollte. Ich konnte einfach nicht aus vollem Herzen Ja sagen. Es zog mich weiter, wie viele andere Menschen auch. Nur gehen sie nicht weiter, sondern bleiben in einer halbwegs erträglichen Partnerschaft, aus welchem Grund auch immer.

Marie und Stefan haben nie wirklich Ja zueinander gesagt. Wenn sie übereinander sprechen, hört man ein ständiges „Ja, aber...". Sie werfen sich ihre Unterschiedlichkeit vor. Stefan liebt Fußball, verbringt Stunden am Computer und im Fitnessstudio. Damit kann Marie überhaupt nichts anfangen. Sie verurteilt außerdem, dass Stefan sehr impulsiv reagiert, mit den Kindern oftmals streng ist und schnell wütend wird, und glaubt, dass er viel zu grob und hart sei. Stefan wiederum hält es für einen großen Fehler, dass Marie immer Verständnis für die Kinder hat und mit ihrem Interesse an alternativen Heilweisen vor der Realität flüchtet. Sie streiten ständig, ob es um die Erziehung der Kinder oder um ihre Freizeit und Lebensgestaltung geht. Keiner von beiden will und kann den anderen verstehen. Jeder beharrt auf seiner Sichtweise. Beide sagen, sie würden den anderen vielleicht lieben können, wenn er seine Fehler einsähe und sich änderte. Doch es sind schon Jahrzehnte und unzählige Kämpfe ins Land gezogen. Marie verurteilt Strenge grundsätzlich. Die Härte, die sie Stefan vorwirft, legt sie jedoch mit ihrem strengen Urteil über ihn ebenso an den Tag, sie bemerkt es aber nicht. Stefan hingegen hat

Angst, „softe“ Gefühle, die unmännlich wirken könnten, zuzulassen. Er fühlt zu Recht, dass es nicht gut sein kann, immer nur nachgiebig zu reagieren, übersieht dabei aber, dass es ihn bereichern könnte, mehr Gefühl zuzulassen. Beide Partner erkennen nicht, dass sie sich optimal ergänzen und vom anderen lernen könnten. Marie wie auch Stefan verfängt sich in Polarisierungen. Es ist nicht besser oder schlechter, weich und sanft als eckig und kantig zu sein. Beide wissen die gegensätzliche Energie nicht zu schätzen und können ihren Partner nicht als ihren Spiegel sehen. Eigentlich geschieht der perfekte Ausgleich, leider lehnen beide aber die Ergänzung durch den Partner ab.

Ähnlich verhält es sich bei Menschen, die sehr stark zum emotionalen Drama neigen. Sie ziehen oft sehr rationale Partner an und fühlen sich in ihrer Beziehung dann meist missverstanden. Sie fordern vom anderen, dass er doch mehr Gefühle zeigen müsse. Sobald sie lernen, sich selbst manchmal runterzukühlen und nicht auf alles zu emotional zu reagieren, kann der Partner automatisch emotionaler reagieren. Beide könnten sehr voneinander profitieren, würden sie jeweils die Qualitäten des anderen anerkennen.

Dasselbe gilt auch für Partnerschaften, in denen der eine sehr stark und der andere sehr schwach zu sein scheint. Im Extremfall ist der „schwache“ Partner depressiv, süchtig, krank und sehr passiv, der „starke“ hingegen diszipliniert, dominant und erfolgreich. Er hat scheinbar immer alles unter Kontrolle und überschätzt sich und seine persönliche Macht. Dabei ist der „schwache“ Partner stärker, als er wirkt. Denn der „Starke“ stößt mit seinen gut gemeinten Lösungsvorschlägen, die unbewusst oft nur Manipulations- und Kontrollversuche sind, auf Granit. Der „Schwache“ nimmt die angebotene Hilfe nicht an. Im Gegenteil: Er versucht, über den vermeintlich starken Partner Macht auszuüben, indem er sich verweigert. Er fühlt sich zwar ohnmächtig, übersieht dabei aber seine Stärke. Der Starke verwehrt sich meist, „schwach" sein zu dürfen, blendet dabei jedoch aus, dass er selbst gefangen ist, und überspielt seine Hilflosigkeit. Die Energien polarisieren sich.

Bei beiden geht es darum, ihre ausgegrenzten Anteile anzunehmen und zu integrieren. Letztendlich ist schon die Aufteilung in „schwach" und „stark" überflüssig und eine Illusion. Wer ist stark, wer schwach? Was ist stark und was schwach? Diese Kategorisierungen und Identifizierungen helfen uns nicht wirklich. Sie sind nur Bilder, die uns nie wirklich erfassen können. Wir sind alles, und alles darf zum Vorschein kommen.

Wenn wir unter irgendetwas, das in Zusammenhang mit unserem Partner steht, leiden, ist es Zeit auf unsere eigenen Gefühle zu schauen. Denn in solchen Momenten sind wir selbst befangen.

Worüber regst du dich bei deinem Partner auf? Lebt dein Partner das, was dir zu leben manchmal gut tun würde? Welche Aspekte spaltest du ab und willst sie nicht integrieren? Das Leben nimmt sich deine blinden Flecken vor und stellt dir gleich noch deinen Lehrer in Gestalt deines Partners zur Seite. Dieser Störenfried ist dein bester Lehrer.

Auch die scheinbar unmöglichen Eigenschaften deines Partners sind göttlich. Was, wenn sie nicht ausgemerzt werden müssen? Was, wenn du dir gerade all die unangenehmen Themen in eurer Partnerschaft, das, was du ablehnst, anschaust? Lass all das in dein Herz, und du begegnest einem Schatz, dem Schlüssel zur wahren Liebe.

Pure Erotik oder Freundschaft?

Neben der erotischen Anziehung war unser Zusammensein von Anfang an von einer menschlichen Weite, einer Freundschaft getragen. Wenn mich etwas wirklich berührte, sprach ich mit Guido darüber. Selbst wenn es um spirituelle Erfahrungen ging, verstand er mich, obwohl er sich damit nie beschäftigt hat. Er kann Erfahrungen und Erkenntnisse sein lassen kann, wie sie sind. Er macht nichts daraus und bewertet sie nicht, er bewundert sie nicht unangemessen, noch tut er sie ab. Ich kann mit ihm beim Abwasch in der Küche über tiefgreifende spirituelle Erfahrungen reden, so als würden wir besprechen, wie die Renovierungsarbeiten am Haus zu machen sind. Deshalb habe ich mich in wichtigen Dingen immer von ihm unterstützt gefühlt und bin sehr dankbar dafür, dass wir gemeinsam reflektieren, Wagnisse eingehen können und genug Raum haben, um uns gemeinsam und jeder für sich zu entwickeln. Früher machte mir manchmal die eine oder andere Entwicklung Angst. Es lohnte sich aber immer, diese Angst zu durchschreiten und mit den Wandlungen zu gehen. In dem Maße, wie ich wagte und vertraute, verschwand die Angst, und es wurde selbstverständlich, mit dem Ungewissen zu fließen.

Obwohl wir es von Anfang sehr leicht miteinander hatten, umhüllen wir uns nicht mit rosaroten Liebeswolken. Manchmal sind wir schonungslos miteinander. Wir nehmen kein Blatt vor den Mund. Etwas anderes funktioniert mit mir sowieso nicht.

Guido sagte einmal zum mir: „Musst du mir die Wahrheit immer so ins Gesicht sagen? Ein normaler Mensch würde mich bemitleiden und mir Recht geben."

Das konnte ich meistens nicht, weil ich, wenn er sich über einen anderen beschwerte und ihm die Schuld gab, immer auch seine eigene Resonanz, seine eigenen Missverständnisse sah. Anfangs fühlte er sich ein paar Mal von mir im Stich gelassen. Ich konnte ihn verstehen, seinen Ärger und seinen Schmerz mitfühlen, dafür wollte ich gerne da sein, nicht aber, um seine Unschuld und die Schuld eines anderen zu bestätigen.

Ich habe Guido nie geschont. Wir sind ganz unmittelbar im Umgang. Manchmal sagen mir Menschen, dass es doch ein großes Geschenk für Guido sein müsse, mit mir zu leben. Dann frage ich, wie sie das meinen. Sie glauben, er könne von meiner Bewusstheit jenseits des Schleiers, von dieser inneren Freiheit viel lernen. Mag sein. Ich habe das nie so gesehen. Für mich war es immer wie ein Wunder, dass er mit mir leben kann, mit dieser Schonungslosigkeit und der Intensität an Liebe. Ich empfand und empfinde es immer wieder als Geschenk, mit ihm sein zu dürfen und habe durch ihn mindestens genauso viel gelernt, wie er durch mich. Das tue ich immer noch. Guido ging am Anfang unserer Beziehung bewundernswert gelassen mit meinen Zickereien um. Ich hingegen musste Ruhe und Gelassenheit erst lernen. Er war in den ersten Jahren wie ein Fels in der Brandung. Aber das größte Geschenk war für mich, dass er mich akzeptierte, wie ich war, wofür ich selbst viele Jahre brauchte. Vieles lernte ich sehr schnell und unmittelbar von ihm. Manchmal hörte ich aus einem kurzen Satz, den er über mich sagte, die Wahrheit sprechen, auch wenn sie vielleicht nicht schmeichelhaft war. Nur indem er die Worte aussprach und ich sie in mir aufnahm, zeigten sie ihre Wirkung. Mein Verhalten veränderte sich mühe- und absichtslos. Guido registrierte oft nicht einmal, welche Wirkung manche seiner wenigen, beiläufigen und kurzen Sätze zeigten und wie hilfreich sie mir waren. Er wunderte sich immer nur darüber und konnte das gar nicht glauben.

Wir lernen beide voneinander und bereichern uns gegenseitig. „Gemeinsam durch dick und dünn" war zwar nie bewusst unser Motto, doch während ich das alles schreibe, spüre ich, dass es unser Zusammensein sehr auf den Punkt bringt. Trotzdem hatten wir natürlich jeder allein unsere Ängste zu durchschreiten, wir machen beide unsere eigenen Erfahrungen und leben unser Leben. Nur zusammen war und ist es irgendwie leichter. Ich verdanke Guido und dieser Freundschaft so vieles.

Einen wirklich guten Freund hatte ich eigentlich nie. Es gab immer einige Männer, mit denen ich mich ganz gut verstand, aber für eine tiefe Freundschaft reichte es nicht. Das war nie die Art von Kontakt, die ich wollte. Mir fehlte die Tiefe, ein wirklicher Austausch, der über Freizeitbeschäftigungen, politische Ansichten und berufliche Perspektiven hinausging.

Als ich Barbara kennenlernte, hatte ich nicht nur meine Frau und Geliebte gefunden, sondern auch einen Zuhörer, guten Freund und Ratgeber. Bis heute ist sie für schwierige Fragen, für das, was mich bewegt, der erste Ansprechpartner. Bei ihr kann ich mir sicher sein, ein ehrliches und letztendlich wohlwollendes Statement zu bekommen. Ich schätze ihren Rat. Sie sagt keine Freundlichkeiten, wenn es mir nicht wirklich dient, und ist der klarste, unbeirrbarste Mensch, den ich kenne. Manchmal allerdings auch extrem unbequem. Es gab einige Situationen, in denen sie mich damit wirklich nervte, und ich echt sauer war. Ein Teil von mir erwartete in diesen Momenten die 100prozentige Bestätigung meiner Sicht der Dinge. Das einzige was ich als

Antwort bekam, war die Wahrheit. Und die war das Letzte, was ich hören wollte. Mit etwas Abstand sah ich dann immer, dass sie einem liebevollen Herzen entsprang und mir wirklich diente. Mit der Zeit lernte ich gerade das schätzen, was ich anfangs als Kritik empfand und was mich auf die Palme brachte. Ich stellte fest, dass es Ausdruck ihrer Liebe ist, dran zu bleiben und sich von mir nicht abschrecken zu lassen. Sie wollte mir wirklich weiterhelfen und nahm dafür sogar meine wütenden Kommentare in Kauf. Liebe ist für mich viel mehr, als sich immer nur gegenseitig zu bestätigen und Honig ums Maul zu schmieren. Diese Freundschaft ist mir sehr wertvoll. Ich glaube, ich könnte eher auf Sex als auf unsere Freundschaft verzichten, die mit all dem Vertrauen und gegenseitiger Unterstützung mehr Nähe, innere Verbindung und Frieden herstellt, als es selbst der beste Sex jemals vermag. Unsere Freundschaft, die Gespräche, der geistige und emotionale Austausch und unser gemeinsamer Alltag ließen mich innerlich reifen und wachsen. Ich glaube behaupten zu können, dass wir beide in den über zwanzig Jahren unseres Zusammenseins innerlich reicher geworden sind.

Ich habe mir bis jetzt, wo ich darüber schreibe, nie Gedanken darüber gemacht, ob Freundschaft für eine gute Partnerschaft wichtig ist. Das kann und will ich letztendlich nicht beurteilen. Guido und ich haben das nie angestrebt. Es war einfach so. Wir haben kein Modell für eine funktionierende Ehe, das sich übertragen und vervielfältigen ließe. Es spielt keine Rolle, ob es freundschaftliche Aspekte in deiner Beziehung gibt oder nicht. Jede Ehe, jede Beziehung ist anders. Die Liebe ist einfach zu groß, als dass sie sich in einem Modell erfassen ließe. Das einzige, was ich wirklich sagen kann ist: Die Liebe passt in keine Schublade, und alles ist möglich.

Wie aber lässt sich die Liebe dann greifen? Woran macht sie sich fest? Ihre Wege und Ausdrucksformen sind unendlich. Sie findet in allen Formen ihren Ausdruck. Es geht nicht darum, bestimmte Regeln oder Merkmale einer glücklichen Beziehung zu erfüllen. Dazu ist die Liebe wie schon gesagt zu allumfassend und entzieht sich jeder Logik. Das Leben, die Liebe weiß, was passt und angemessen ist. All die Ratschläge, deine Beziehung super sexy und spannend zu machen oder immer alles ausdiskutieren zu müssen, haben Grenzen. Gelegentlich habe ich keine Lust zu diskutieren und Guido schon gar nicht. Dann wieder sind unsere Gespräche die reine Freude. Manches lässt sich auch nicht bereden, weil es getan werden will.

Guido und ich sind nicht immer souverän, wir haben auch nicht immer das Wohl des anderen im Auge. Warum sollten wir auch? Wenn es von selbst so ist, gut so. Wenn nicht, kein Problem. Wir entsprechen weder dem Bild zweier perfekter Menschen, noch dem der perfekten Liebe.

Wenn in deiner Beziehung alles ganz anders ist, bist du willkommen. Liebe kann sich selbst in schroffem Verhalten ausdrücken. Sie kann auch alles andere als blumig oder romantisch sein und eine sehr klare unmittelbare Sprache sprechen. Sie ist echt, hat nichts mit künstlichem Gesäusel auf Wolke Sieben zu tun. Einigen Menschen fällt es schwer, ihre Gefühle auszudrücken, und dennoch kann ihre Liebe sehr tief sein. Manchmal zeigt sie sich durch ganz kleine Gesten, die dir nur nicht auffallen, wenn du auf das Große wartest. Manche Menschen machen viel Bohei um die Liebe, was nicht immer etwas heißen muss.

Folge keinem Bild von der großen Liebe. Denn wahre Liebe schließt auch die weniger romantischen Seiten deiner Beziehung mit ein. Was ist Liebe, was ist keine Liebe? Nichts fällt aus der Liebe heraus. Sie muss keine Merkmale erfüllen. Sie ist einfach – unbegrenzt, nicht exklusiv, nicht beschränkt. Liebe ist unendlich.

Die Liebe im Alltag

Ob im Roman, im Kino oder in der TV-Schnulze, Menschen lieben Geschichten rund um die große Liebe. Sie berühren unser Herz und lassen uns den Atem anhalten. Wenn Mann und Frau sich endlich finden, scheint das Glück für immer perfekt. Doch im wahren Leben geht der Film weiter. Die Probleme enden nicht automatisch damit, dass wir die große Liebe gefunden haben. Bei den meisten Paaren gehen sie im Alltag erst richtig los. Dein Partner erfüllt die Erwartung nicht, der erste Zauber ist verloren, die Liebe reibt sich am Alltag auf. Gerade im tagtäglichen Leben mit deinem Partner wirst du mit dir selbst konfrontiert, du bekommst deine Ängste, Wunden und Illusionen um die Ohren gehauen. Anstatt dich ihnen unmittelbar zu stellen, muss dein Partner herhalten. Du richtest Erwartungen an ihn und machst ihm Vorwürfe, dass er nicht so ist, wie er sein sollte. Bis du die Liebe im Alltag nicht mehr wahrnimmst, weil du dich bloß noch innerhalb deiner Ängste, Verstrickungen, Kränkungen und Erwartungen bewegst. Nur die Kraft der Liebe kann dich aus deinen Verstrickungen befreien und alles überwinden. Dein Ego mit seinen Erwartungen und Kränkungen verbrennt in der Liebe, wenn du dich ihr wirklich hingibst und ihr alle Macht gibst. Denn deine Probleme mit deinem Partner werden entgegen deiner Erwartung nicht enden, nur weil dein Partner endlich mehr Zeit für dich hat, abspült, nicht immer so schnell wütend wird, sich liebevoller und romantischer zeigt. Sie enden nur in dir selbst, in der Liebe an sich. Du kannst gerade die alltäglichen Probleme mit deinem Partner nutzen, um zu wachsen, anstatt darauf zu warten, dass er dich endlich glücklich macht.

Obwohl mein Leben durch Guido Wandlung und Heilung erfuhr, hörte manches Leiden, das aus den Illusionen meiner Muster und Prägungen erwuchs, nicht einfach damit auf, dass ich ihn gefunden hatte. Meine Probleme endeten erst, als die Liebe auch unabhängig von unserer Partnerschaft, von Ereignissen und Umständen die einzige Realität wurde und nichts mehr ausschloss. Unsere Gesellschaft bezieht die Liebe, die Einheit, – wie im Film oder Roman – nur auf die Liebe zwischen zwei Menschen und auf die sexuelle Vereinigung. Wir erwarten deswegen unbewusst immer, der andere müsse uns vervollständigen und glücklich machen. Das führt verständlicherweise schon bei den kleinsten Kleinigkeiten im Alltag zu Problemen. Dabei geht es letztendlich nur darum, in dir selbst zu Hause und der Vollständigkeit in dir gewahr zu sein. Natürlich ist die Liebe zwischen Mann und Frau ein Geschenk. Doch du wirst nicht automatisch für immer glücklich, wenn du einen passenden Partner gefunden hast. Gerade im Alltag offenbart sich die Größe der Liebe oft erst, wenn sie sich mit dem ganzen Leben und nicht nur mit einem romantischen Ausschnitt im Zuge der ersten Verliebtheit konfrontiert sieht. Viele Menschen sehen den Alltag einer Liebesbeziehung als Störenfried, ja fast als Feind einer aufregenden und lebendigen Liebe. Die Liebe geht im Alltag unter. Sich um die Kinder zu kümmern, zu waschen, zu putzen, zu bügeln und deinen Partner ungeschminkt zu erleben, scheint jedes Prickeln abzutöten.

Die Ehe von Matthias und Tanja schien am Alltag fast zu scheitern. Das Paar lebt in einem großen, luxuriösen Einfamilienhaus am Stadtrand, hat eine zehnjährige Tochter und dauernd Streit. Matthias führt selbstständig ein Unternehmen mit einigen Mitarbeitern. Immer wieder kam er an die Grenzen seiner Leistungsfähigkeit. Neben seinem zeitaufwendigen Job kaufte er auch noch ein, kochte und machte mit Tochter Maria Hausaufgaben. Wenn es ihm möglich war, arbeitete er von zu Hause aus und verbrachte seine Zeit mit dem Kind. Obwohl Tanja nicht arbeiten ging und eine Putzfrau hatte, fühlte sie sich oft mit Kind und Haushalt überfordert. Sie war mit ihrer Situation sehr unzufrieden und warf Matthias vor, er habe nie Zeit für sie und Maria, weil seine Arbeit immer wichtiger wäre und alle auf ihre Kosten kommen würden, nur sie nicht. Matthias wiederum lastete Tanja an, dass sie ihm ihre Aufgaben als Hausfrau und Mutter aufbürdete. Auch von ihren ständigen Vorwürfen hatte er die Nase voll, nichts, was er tat, schien gut genug, weil sie seinen überdurchschnittlichen Einsatz für die Familie überhaupt nicht sah. Viele seiner Freunde und Bekannten sagten, dass er zu gutmütig sei, Tanja viel zu viel abnähme und das keiner außer ihm mitmachen würde. Sie wunderten sich, warum er sich nicht abgrenzte. Beide warteten darauf, dass der andere seine Fehler einsähe und sich endlich änderte. Nur warteten sie darauf schon zehn Jahre, und ihr gemeinsamer Alltag, der ständige Streit und Stress waren geblieben. Tanja fühlte sich in ihrer Mutterrolle nicht erfüllt und hatte ziemlich hohe Ansprüche. Ihr Alltag strengte sie sehr an und machte ihr wenig Spaß. Die meiste Zeit verbrachte sie zu Hause. Eigentlich ist sie eine eher dominante Frau, die im Mittelpunkt stehen will, sich das aber noch nicht traut. In der gemeinsamen Beratung fragte ich sie, warum sie ihren Alltag nicht anders gestaltete? Sie sagte, das ginge nicht anders. Matthias schlug vor, sie könne doch Sport machen, sich mit Freunden treffen oder sich beruflich engagieren. Auf seine Anregung, eine Fortbildung zu machen, antwortete sie nur, das würde nichts bringen, außerdem habe sie ja ihre Tochter. Aber Maria war inzwischen zehn Jahre und ging in die Schule. Jeden Vorschlag erstickte sie im Keim. Ich stellte fest, dass sie sich, obwohl sehr unzufrieden, für keinen Veränderungsvorschlag öffnete und ihre Situation genauso belassen wollte, wie sie war. Außerdem erschien es mir wie ein kleiner Machtkampf, keine Hilfe von ihrem Mann anzunehmen. Sie demonstrierte, extrem unabhängig zu sein und nichts und niemanden zu brauchen. Ich sagte ihr das. Sie schaute einen Moment nachdenklich, und dann brach es aus ihr heraus. Eigentlich sei sie schon ihr ganzes Leben unzufrieden. Sie habe beruflich keine Perspektive, fühle sich finanziell von ihrem Mann abhängig, empfinde alles als Last und sich nicht genug geliebt. Eigentlich wisse sie, dass er alles geben würde, sie sehr schwierig, extrem dominant und kritisch sei, aber es sei ihr meist unmöglich, das zuzugeben. Eigentlich möge sie sich oft selbst nicht, nörgele dann aber lieber an Matthias rum, so, als sei sie über jeden Zweifel erhaben. Ihre perfektionistischen Erwartungen überforderten sie schon mit den kleinsten Kleinigkeiten. Sie weinte. Ich spürte ihre tiefe Verzweiflung. Als Matthias sie in den Arm nehmen wollte, drückte sie ihn weg. Auf die Frage, warum sie das täte, antwortete sie: „Ich bin stark und brauche ihn nicht." Ich schaute sie fragend an und zwinkerte ihr zu. Da mussten wir beide lachen. Sie lachte und weinte gleichzeitig, wandte sich Matthias zu und sagte: „Ich liebe dich, auch wenn ich dir das nicht zeige, sondern oft so tue, als würde ich dich hassen. Ich kann nicht mehr. Es fällt mir sehr schwer, Hilfe anzunehmen. Eigentlich würde ich gerne eine Fortbildung machen, traue mir aber nicht zu, beruflich wieder auf die Füße zu kommen. In dieser Arbeitsmarktlage erscheint mir das hoffnungslos. Ich habe resigniert und Angst davor, mein Leben in die Hand zu nehmen und zu gestalten. Es ist für mich einfacher, mich zu beschweren." Wieder lachten wir. Matthias schaute sich seinen Anteil an, die Angst, Nein zu sagen und Tanja zu verlieren, sich schuldig zu fühlen und ein schlechter Partner und Vater zu sein. Ihm wurde klar, dass seine Ängste und Schuldgefühle ihn im Griff hatten und Tanja ihn nicht wirklich behinderte.

Wenn deine Beziehung schwierig oder im Alltag eingeschlafen ist, frage dich: Welche Verletzungen und Enttäuschungen trägst du mit dir herum? Wovor hast du Angst? Wann bist du ausgestiegen? Was würdest du tun, wenn dir bewusst wäre, dass dein Leben vergänglich ist, dass jeder Atemzug der letzte sein kann?

Dieser Augenblick ist kostbar. Bring es auf den Punkt: Willst du das Leben so führen, wie es ist?

Wenn nicht, dann wage etwas! Du musst dich nicht mit einer abgestumpften Beziehung abfinden. Es sei denn, das entspricht dir, aber dann ist es kein Kompromiss mehr, sondern deine Wahrheit. Dann liegt Frieden darin. Willst du aber in deiner Beziehung wieder mehr Lebendigkeit und neuen Schwung, dann schau genau hin. Eure Liebe ist wahrscheinlich nicht von heute auf morgen eingeschlafen. Meistens sind Kleinigkeiten vorausgegangen, die ihr nicht ernst genommen und beiseite geschoben habt: Wisst ihr zu wenig voneinander, zum Beispiel, was den anderen grade beschäftigt, was er fühlt, was ihn gekränkt hat? Läuft nichts mehr im Bett? Ist die Sexualität zum Problem geworden? Meistens liegt die Ursache eurer sexuellen Probleme nicht in der Sexualität selbst begründet, sondern sie entstehen durch mangelnde Nähe und Liebe, durch verletzte Gefühle und Machtkämpfe. Meist hilft es, wenn ihr den Fokus von der Sexualität wegnehmt und schaut, was ansonsten Sache ist. Seid ehrlich miteinander, sprecht über eure Gefühle und Bedürfnisse, darüber, wie es euch allein, aber auch miteinander geht. Wenn ihr euch nah seid, könnt ihr eure Sexualität wie von selbst wieder gemeinsam genießen. Denn eure Sexualität existiert nicht isoliert von eurem gemeinsamen Leben und auch nicht losgelöst von euren Gefühlen füreinander. Wenn das Herz fehlt, reduziert sich der Sex auf rein körperliche Abläufe. Wer das gerne mag, völlig okay. Die volle Magie entfaltet sich aber erst, wenn du mit jeder Faser deines Seins dabei bist. Dann eröffnen sich Dimensionen, die auf der körperlichen Ebene vielleicht angerissen, aber nie erreicht werden können. Der Himmel öffnet sich. Wenn dein Herz nicht will und du trotzdem Sex mit deinem Partner hast, vergewaltigst du dich selbst. Viele Frauen spielen mit, obwohl sie nicht wirklich möchten. Sie fühlen sich beschmutzt und ausgenutzt, sind innerlich wütend auf ihren Partner, weil er ihnen das zumutet. Dabei mutest du dir das selbst zu. Steig aus. Zum einen musst du nicht mitmachen, wenn du nicht willst; zum anderen kannst du wahrnehmen, dass dein Mann Kontakt zu dir will und musst deshalb daraus keinen Kampf um Achtung machen. Nutze die Chance, dass etwas Echtes entstehen kann, dass ihr beide eure Sexualität, euer Zusammensein genießen könnt – leicht, voller Freude und ohne Zwang. Wenn im Alltag keine Nähe da ist, ihr wenig miteinander anfangen könnt und alte Verletzungen mit euch herumtragt, kann auch die Sexualität nichts retten. Besonders Männer versuchen mangelnde Nähe über Sexualität herzustellen und Spannungen abzubauen. Sich auszutauschen, mitzuteilen und über ihre Empfindungen zu sprechen, fällt ihnen oftmals schwer.

Vor einiger Zeit war ich in Südtirol mit Guido wandern. Direkt am Anfang suchte er körperliche Nähe zu mir und Sex. Ich spürte weder Nähe zu ihm noch eine sexuelle Regung. Wir waren vorher sehr beschäftigt gewesen und hatten wenig Zeit miteinander, irgendwie lebten wir in unseren eigenen Welten. Ich konnte und wollte nicht auf Knopfdruck eine Nähe herstellen, die ich nicht spürte. Wir sprachen viel miteinander, genossen einfach nur das Zusammensein und hatten wundervolle gemeinsame Tage in den Bergen. Eine sexuelle Anziehung entstand schließlich von selbst.

> *Mein eigentliches Bedürfnis war, wieder mehr Nähe zu Barbara zu haben, und nach einer anstrengenden beruflichen Zeit schien mir Sex als Ventil zum Stressabbau naheliegend. Trotzdem kann ich Sexualität und Nähe nicht wirklich voneinander trennen. Das war bei mir schon immer so, auch bevor ich Barbara kannte. Die paar Male, wo ich mich nur auf oberflächlichen Sex eingelassen habe, fühlten sich höchst unbefriedigend an. Das heißt aber nicht, dass ich nur auf Blümchensex stehe.*

Vor einiger Zeit erzählte mir eine Frau, sie habe entdeckt, dass ihr Mann heimlich Pornohefte und Videos anschaue. Sie war völlig angeekelt, entsetzt und dachte, ihm nie mehr wieder vertrauen, geschweige denn Sex mit ihm haben zu können. Sie fühlte sich belogen und betrogen. Aber weit schlimmer noch war für sie, dass er sich von billigem Sex angezogen fühlte. Diese Geschichte hörte ich zum wiederholten Male von Frauen, aber auch von Männern, die ein schlechtes Gewissen plagte. Sollen wir verurteilen, dass der Mann dieser Frau Pornos schaut? Es ist, wie es ist. Sollen wir uns alle gegenseitig verurteilen, weil wir menschlich sind? Ich kann den ersten Stein nicht werfen, weil ich nicht frei von Menschlichkeit bin. Mir stellt sich vielmehr die Frage: Was sucht ihr Mann, was er mit seiner Frau nicht teilen kann? Ausgehend von ihrer Reaktion, lässt sich auch das Verhalten ihres Partners nachvollziehen, der über bestimmte Aspekte seiner Sexualität lieber schweigt. Beide sitzen im selben Boot. Eine solche Situation kann sich zu einem Beziehungsdrama ausweiten oder eine wundervolle Möglichkeit bieten, über die eigenen Verletzungen, Ängste und Begrenzungen hinauszuwachsen. Du kannst tiefer schauen, wo deine wirklichen Bedürfnisse liegen, welche Aspekte deines Wesens mehr gelebt oder auch nur akzeptiert und integriert anstatt verurteilt werden wollen. Gerade diese Herausforderungen gemeinsam zu durchschreiten, deinen Horizont zu erweitern und dein Herz zu weiten, macht eure Beziehung im Alltag lebendig. Es muss nicht immer alles glatt laufen und eitel Freude und Sonnenschein sein.

Wenn eure Liebe alles andere als lebendig ist und vom Alltag aufgefressen wird, stellt sich die Frage, wie du diesen Alltag erlebst und ob du dein Leben magst. Fühlst du dich lebendig, kann eure Beziehung auch nicht langweilig sein. Bist du erfüllt, wirkt sich das auch auf deine Beziehung aus.

Also, was ist mit deiner Lebensfreude? Lebst du, was dir entspricht? Was lässt sich ändern, damit du dich wohl fühlst? Nichts? Meist ist viel mehr möglich, als du glaubst. Es finden sich immer genug schlaue Argumente, warum du nicht das tun kannst, was dir entspricht. In der Liebe ist es aber, wie im Job auch, zentral, deinen angstbesetzten einschränkenden Glaubensmustern nicht alle Macht zu geben, sondern sie zu enttarnen und etwas zu wagen. Das Einheitsgrau des Alltags entsteht nur, wenn du dich zu sehr mit Strukturen einengst, die dir nicht wirklich dienen. Disziplin und Struktur sind sehr hilfreich, jedoch nur, solange du dich dabei nicht zum Sklaven deiner engen Glaubenssysteme machst. Wenn du der Ansicht bist, nichts verändern zu können, mach das Beste aus deiner Situation. Oder finde heraus, in welchen Ängsten und Mustern du gefangen bist und ob du sie überwinden kannst. Wenn nicht, akzeptiere die Situation, wie sie ist. Dann gibt es aber keinen Grund, dich zu beschweren oder zu bemitleiden. Denn du willst einfach lieber deine emotionalen Muster behalten, als einen leichteren Alltag zu gestalten. Das ist vollkommen okay.

Viele Menschen glauben, ihr Partner hemme sie und mache es ihnen unmöglich, sich im Alltag frei zu entfalten. Sie wünschen sich mehr Unterstützung. Mag sein, dass der Partner es ihnen schwer macht. Trotzdem ist er nur das Alibi für die mangelnde Entschlossenheit, deiner eigenen Wahrheit zu folgen. Es geht einzig um deine Angst vor der eigenen Courage. Manchmal wehrt sich der Partner gegen größere Veränderungen, weil er Angst hat. Es ist menschlich, dass sich dein Partner verängstigt fühlt. Trotzdem liegt es bei dir, frei zu sein und lebendig. Nichts hält dich auf.

Meist geht es gar nicht um großartige Veränderungen, sondern nur darum, deine Einstellung zu ändern. Es sind nie die Dinge an sich oder der Partner, die dir das Leben schwer machen. DU bist derjenige, der alles bewertet. An sich ist alles einfach nur.

Akzeptierst du deinen Partner und euren gemeinsamen Alltag, anstatt immer im Widerstand zu sein, erscheint die Welt in einem anderen Licht. Halte einmal inne und betrachte deinen Partner mit den Augen der Liebe. Vielleicht erkennst du ja seine Schönheit, seine Einzigartigkeit wieder. Schau, wie er auf seine Art und Weise tagtäglich sein Bestes gibt und es manchmal einfach nicht besser kann. Genau wie du. Mit dir ist es sicher auch nicht immer einfach.

Schau vor allem, dass du Frieden in dir findest, Frieden mit deinem Leben. Dann ist automatisch mehr Luft für die Beziehung da, weil du niemanden mehr brauchst, dem du Schuld gibst, an dem du Dampf ablässt. Dann lässt du es auch nicht zu, dass das jemand mit dir tut. Du erfreust dich plötzlich an deinem Partner, bist dankbar, anstatt ständig zu kritisieren und zu nörgeln. Oft bemerken die Menschen erst, wie viel Liebe ihr Partner in den kleinen Dingen des Alltags zeigte und wie wichtig er ihnen ist, wenn es zu schon spät ist. Du hast die Chance, jetzt hinzuschauen und dein Leben mit deinem Partner zu genießen.

Maximilian, inzwischen siebzig Jahre alt, entfloh dem Alltag mit seiner Frau und den Kindern immer. Zeit seines Lebens rannte er jedem Rockzipfel hinterher, hatte eine Affäre nach der anderen und liebte das Abenteuer. Zu Hause ließ er sich von seiner Frau verwöhnen. Als sie vor ein paar Jahren starb, fehlte sie ihm so, wie er es nie für möglich gehalten hätte. Plötzlich wusste er das, was er mit und an seiner Frau hatte, zu schätzen. Er spürte auf einmal die Liebe, die gerade in den alltäglichen Dingen mit ihr lag.

Da wurde ihm auf einmal bewusst, warum er sich trotz seiner ständigen Affären doch nie von ihr trennen wollte, wie tief verbunden er doch mit ihr war. Er erkannte, dass er sich – obwohl er im Berufsleben viel Verantwortung trug – wie ein kleiner Junge benommen hatte und in der Liebe nie erwachsen und reif geworden war. Mit dem Verlust seiner Frau verschwand sein Jagdtrieb.

Er hatte keine Lust mehr, hübschen Frauen den Hof zu machen. Das war ihm plötzlich fad und erschien ihm unangemessen. Er haderte mit sich, das alles nicht eher erkannt zu haben, und fühlte sich schuldig. Auf einmal beschäftigte er sich mit Themen, über die er früher nur amüsiert gelacht hätte: mit Gott, dem Leben, dem Tod und der persönlichen und unpersönlichen Liebe. Seine wie auch unser aller Chance ist, jetzt in Liebe zu sein. Egal was war, egal was ist. Ich sehe keine Schuld. Es war, wie es war. Manchmal wissen wir es nicht besser. Die Größe der Liebe ist immer jetzt, egal was war. Sie offenbart sich gerade auch in unserem Alltag.

Während meiner zehnjährigen Arbeit in psycho- und suchttherapeutischen Einrichtungen fühlte ich mich manchmal wie in einem Hamsterrad. Kam ich abends nach Hause war ich so erschöpft, dass ich nicht einmal mehr ans Telefon ging und weder Kraft noch Lust hatte zu kochen. Obwohl ich meine Arbeit im Großen und Ganzen sehr gerne machte, zählte ich die Tage bis zum nächsten Urlaub, wie ein Kind, das auf Weihnachten wartet. Die Arbeit war anstrengend. Der Urlaub mit Guido brachte die ersehnte Befreiung und war das jährliche Highlight. Seit ich selbstständig bin, Bücher schreibe, Seminare und Vorträge gebe, macht mir meine Arbeit einfach nur Freude. Obwohl ich oft viel arbeite, empfinde ich, was ich tue, bis heute nicht als Arbeit. Die Vorstellung, bis zum achtzigsten Lebensjahr zu arbeiten, löste früher Entsetzen bei mir aus. Heute fühlt sich das gut an. Ich brauche keinen Urlaub mehr. Trotzdem machen wir natürlich Ferien, aber sie haben nicht mehr diese lebensrettende Funktion wie früher. Damals rieten mir einige Menschen davon ab, mich selbstständig zu machen. Sie bezweifelten, dass ich auf diese Weise von meiner Arbeit leben könne. Ich hatte keinen Zweifel daran und tat, was ich für richtig hielt. Ich bin sehr dankbar, dass ich so frei und erfüllt leben darf. Was so leicht aussieht, ist einerseits sicher Gnade, andererseits wollte ich es wirklich wissen, habe viele Ängste durchschritten und Dinge gewagt, die mir anfangs unmöglich schienen. Es braucht eben auch unseren Mut und unseren Einsatz.

Den Alltag mit Guido liebte ich schon immer sehr, am Samstag gemeinsam einkaufen zu gehen, ihm morgens, wenn er wieder auf den letzten Drücker zur Arbeit fährt, schnell die Unterhosen, T-Shirt, Schuhe und Hosen rauszulegen, zwischendurch auf dem Handy praktische Dinge abzusprechen, am Abend gemeinsam zu essen, sich miteinander auszutauschen... Ich liebe es besonders, in seinem Arm einzuschlafen und kann auch tage-, wochen-, monatelang auf engstem Raum mit ihm sein, ohne dass es mir zu eng oder zu langweilig ist, und das, obwohl ich liebend gerne und oft allein bin.

Ich hätte mir nie vorstellen können, dass eine Beziehung nach dreiundzwanzig Jahren noch so lebendig sein kann. Mir war in unserer Beziehung nie langweilig, obwohl sie meist eher einem ruhigen See gleicht als einem tobenden Meer. Unsere Beziehung hat etwas Grundsolides. In ihrer Einfachheit ist sie spannend. Vielleicht wäre das anderen zu langweilig, vielleicht würde ihnen das nicht reichen, weil sie nach mehr suchen.

> *Ich bin nie ein Mann großer Gesten gewesen. Man könnte mich sicher als langweiligen Typen bezeichnen. Ich suche für mich selbst nicht irgendwelche äußerlichen Highlights und biete diese auch Barbara nicht. Ich bin was unsere Freizeitgestaltung angeht ein ziemlich unkreativer Typ. Ich schenke ihr keine Wochenenden in schönen Hotels, mache ihr selten Geschenke, bringe nicht ständig Blumen mit nach Hause. Der Ausdruck meiner Liebe spiegelt sich eher in den kleinen Gesten wieder. Ich liebe es besonders, für sie zu kochen, sie mit Reiberdatschi, ihrer Leibspeise, zu verwöhnen. Manchmal, wenn ich sie besonders liebe, würde*

ich ihr gern mehr bieten, die Welt zu Füßen legen und die Sterne vom Himmel holen. Ich habe dann das Gefühl, ihr viel zu wenig zu geben, und wundere mich jedes Mal, dass sie das überhaupt nicht so empfindet. Der besondere Zauber unserer Beziehung liegt für mich eher in dem täglichen Zusammensein an sich, einfach nur nach Hause zu kommen, Barbaras Anwesenheit zu spüren, zu teilen, was wir am Tag erlebt haben, um Rat zu fragen in Situationen, in denen ich unklar bin, und Barbara in praktischen Dingen zu unterstützen. Dieses Miteinander, diese gegenseitige Unterstützung in den kleinen wie auch großen Fragen des Lebens, ist mir sehr wichtig.

Ich mag, dass unser Alltag von Gemeinsamkeit geprägt ist, obwohl wir uns durch unsere berufliche Situation bedingt, zeitweise wenig sehen. Ich genieße, dass unser Zusammensein stressfrei ist. Eigentlich wundere ich mich, wie unsere Beziehung so frisch sein kann, obwohl wir nichts Großartiges machen. Einfach nur neben ihr zu sitzen, während sie gemütlich auf dem Sofa an einem Manuskript arbeitet, freut mich mehr als ein Abend im Theater. Ich finde es super, mit ihr Fußball zu schauen. Mit ihr kann ich jubeln, meckern, anfeuern, feiern und dabei über uns lachen. Ich kann das alles voll ausleben, ohne schräg angeschaut zu werden, weil ich mich vielleicht daneben benehme. Das gibt mir das Gefühl von Freiheit, mich nicht begrenzen, mein Verhalten und meine Gefühle nicht kontrollieren zu müssen. Das ist vielleicht auch der Grund, warum ich den Alltag mit ihr so spannend finde. Wir leben nicht einfach nur nebeneinander her und erfüllen die Pflichten des Tages. Wir können zum Einkaufen gehen und dabei Spaß haben. Ich glaube, das liegt vielleicht auch daran, dass wir beide uns nicht zu ernst nehmen. Weil unser gemeinsamer Alltag so viel Schönes enthält, brauche ich nicht nach Highlights zu suchen. Das macht mein Leben leicht und entspannt, besonders wenn ich im beruflichen Umfeld schwierige Aufgaben zu bewältigen habe. Manchmal sagen Freundinnen und Bekannte, dass sie sich einen Partner wie mich wünschten. Sie wünschen sich dann einen Mann, der verständnisvoll ist, ein liebevolles Herz hat und ihnen ihre Wünsche von den Augen abliest. Wenn ich genau hinschaue, merke ich, dass sie mich nicht wirklich meinen. Ich würde ihnen gar nicht genügen und ihren tatsächlichen Erwartungen nicht entsprechen. Denn eigentlich vergessen sie dabei, dass sie doch einen Mann wollen, der super erfolgreich ist, mit dem man angeben kann, der große Geschenke macht, gesellschaftlich angesehen ist, viel Geld hat und ihre Erwartungen erfüllt. Meine Töne wären viel zu leise, um wirklichen Eindruck bei ihnen zu hinterlassen. Wirklich wahrnehmen, in der Art, wie ich bin, und in meinen Qualitäten, können sie mich nur, weil sie unser liebevolles Miteinander mitbekommen. Das hätten sie auch gerne mit ihrem Partner, vergessen dabei aber, dass sie selber ihr Herz nicht in den Vordergrund stellen, sondern sich in hohen Ansprüchen und Forderungen verlieren. Es ist nicht nur der perfekte Partner, der die Liebe ins Leben bringt, sondern die eigene Offenheit, das zu sehen, was wirklich nährt. Meist übersehen sie, dass ihre eigene Liebe sehr begrenzt ist, fordern aber einen Partner, der sie uneingeschränkt liebt.

Es ist noch gar nicht so lange her, da hatte ich eine kurze Phase, wo ich versuchte, den Macker zu spielen. Das äußerte sich darin, dass ich ständig meinen Willen durchsetzen, unseren gemeinsamen Weg vorgeben und alles dominieren wollte. Ich glaubte, dadurch männlicher zu sein und mich selbst stärker verwirklichen zu können. Irgendwann habe ich festgestellt, dass ich nur gesellschaflichte und persönliche Klischees bedient hatte. Dabei bin ich mir nicht näher gekommen, sondern hatte mich weit von mir entfernt. Das ist gründlich in die Hose gegangen. Denn ich war unter Leistungsdruck, gereizt und unaufmerksam, habe mich übermäßig wichtig genommen und aus den Augen verloren, was mir wirklich wichtig war. Und zufrieden war ich plötzlich auch nicht mehr mit mir. Ich wurde nicht größer, wichtiger, schöner oder toller. Auch Barbara konnte ich mit diesem Männergehabe nicht beeindrucken. – Nicht einmal bei mir selbst gelang mir das.

Ich erwarte nicht, dass Guido mir Blumen schenkt oder tolle Geschenke macht. Für mich ist das nicht wichtig, obwohl ich mich über Geschenke freue. Das Zusammensein an sich und die alltäglichen Kleinigkeiten sind für mich ein Geschenk. Ich liebe Guidos Reiberdatschi. Meiner Meinung nach macht er die weltbesten, ohne Ei, dünn und knusprig. Mit welcher Aufmerksamkeit er daran gefeilt hat, dass sie so knusprig werden, wie ich sie mag, und auch ohne Ei nicht auseinanderfallen, da ich keine Eier esse. Das berührt mich. Guido ist nicht so sehr der Mann, der die Klischees beeindruckender Männlichkeit erfüllt, aber ich fühle bei ihm etwas Wesentliches. Ich habe die unterschiedlichsten Männer, die verschiedensten Klischees von Männlichkeit entsprachen, getroffen, Männer mit Geld und Ansehen, Latin Lovers, Charmeure, Musiker und Künstler, die auf viele Frauen großen Eindruck machten. Danach sah ich vieles anders, weil sie wie alle Männer Schwächen und Stärken hatten.

Wenn du die kleinen Dinge an deinem Partner zu schätzen weißt, ihn liebst, wie er ist, brauchst du nicht immer eine besondere Romantik. Du genießt die kleinen Gesten oder vielleicht auch nur seine Anwesenheit. Wenn aber immer alles andere wichtiger ist und du der Liebe keinen Raum gibst, brauchst du dich nicht zu wundern. Es muss nicht unbedingt das besondere Wochenende in einem Hotel sein. Die Liebe kann sich auch in den vielen kleinen Momenten des Alltags ausdrücken. Indem du einmal Danke sagst, deinen Partner wahrnimmst, liebevoll mit ihm umgehst und offen für seine Bedürfnisse bist, alles nicht so ernst nimmst und den Herausforderungen mit Humor begegnest, anstatt dich aufzuregen. Wenn du die kleinen Dinge liebst und magst, was du tust, gibt es keinen grauen Alltag mehr. Lass dich nicht von den scheinbaren Pflichten auffressen. Das Leben ist nicht dazu da, dass du es erträgst, sondern damit du es genießt. Dabei sind die einfachen Dinge des Lebens nicht zu unterschätzen. Wenn du das Einfache, das Gewöhnliche in deiner Beziehung und in deinem Leben liebst und schätzt, kann sich eine ungeahnte Leichtigkeit entfalten. Wir glauben immer, etwas Besonderes zu brauchen, um glücklich zu sein. Nie ist es gut genug, nie reicht es aus. Wir haben Angst davor, nur da zu sein. Wir haben Angst davor, nichts mehr zu haben, dem wir hinterher streben können. Wir vermuten das Gold, das Glück viel weiter weg, als es ist. Es ist näher als nah.

Wenn du leer und ganz präsent bist, erfüllt dich das Leben, die Liebe von selbst. Du spürst keinen Mangel mehr, obwohl du nichts hast und brauchst. Einfach nur da zu sein, ist voller Leben. Jeder Atemzug ist lebendig. Du nimmst selbst deinen Partner plötzlich anders wahr, weil du nicht ständig in Gedanken und illusionären Welten gefangen bist.

Komm da an, wo du bist. Geh zum absoluten Nullpunkt, lass alles, was du glaubst erledigen und lösen zu müssen, in den Hintergrund treten und erlebe wie ein unschuldiges Kind, diesen Moment wieder neu. Öffne dich, um das Leben unmittelbar zu erfahren, ohne dir eine Meinung darüber zu bilden. Vergleiche deinen Alltag und deine Partnerschaft nicht mit deinen Vorstellungen vom perfekten

Leben. Lebe einfach nur und nimm alles, wie es ist. Gib dem Leben, deiner Partnerschaft, der Realität eine Chance. Dein Alltag ist deine Meditation, um bewusst zu leben und dich an dem einfachen Tun zu erfreuen. Das betrifft nicht nur deine Beziehung. Der Alltag wird bunt und frisch, wenn es zwischen dir und dem, was du tust, keine Trennung gibt, selbst wenn du tagtäglich immer nur dasselbe machst. Das Glück liegt in allem. Du kannst es überall finden oder nirgendwo. Fang einfach mit dem Naheliegendem an. Das ist dein Alltag. Wenn du mit deinem Leben, deinem Alltag an sich zufrieden bist, löst sich manches Partnerschaftsproblem in Luft auf. Denn viele Probleme mit deinem Partner liegen nur in deiner eigenen Unzufriedenheit begründet. Bist du lebendig, ist die Liebe lebendig. Eine lebendige Beziehung im Alltag zu leben, lässt sich deshalb nicht von einem lebendigen Leben trennen. Wenn du mit dem Leben fließt, wirkt sich das auch auf deine Partnerschaft aus. Bist du ganz präsent in deinem Alltag, gestalten sich das Leben und deine Partnerschaft intensiv und spannend. Im Alltag ist alles, was du suchst. Du brauchst ihm nicht zu entfliehen und dein Glück nicht woanders zu suchen.

Die unerfüllte Liebe

Die meisten Menschen, mit denen ich über die große Liebe gesprochen habe, leben nicht mit ihrem Traummann oder ihrer Traumfrau zusammen. Die große Liebe zu leben, ist für sie aus den verschiedensten Gründen nicht möglich: Der Geliebte lebt mit einem anderen Partner zusammen, erwidert die Liebe nicht, wurde aus den Augen verloren oder lebt nicht mehr. Interessant ist, dass viele Menschen nur dann von der großen Liebe sprechen, wenn sie aus irgendeinem Grund nicht gelebt werden kann. In der Tiefe begleitet alle die Hoffnung, dass sie das Schicksal eines Tages doch noch mit ihrer großen Liebe zusammenführen könnte. Die einen sind traurig, die anderen verzweifelt. Die meisten glauben jedenfalls, nicht so glücklich sein zu können, wie sie es mit ihrer großen Liebe wären. Was ist Liebe, was entspringt der Fantasie? Was ist aus Sehnsüchten zusammengebastelt? Nur wenige Menschen sagen wirklich überzeugend über ihre aktuell gelebte Partnerschaft oder Ehe: „Das ist die große Liebe. Mit ihm, mit ihr bin ich glücklich." Verschwindet die Liebe, sobald die ersten Verliebtheitswellen abflachen? Kann die Liebe der Realität nicht standhalten und nur groß sein, wenn sie unerreicht bleibt?

Im Laufe der Jahre bin ich immer wieder Menschen begegnet, die der großen Liebe nachtrauern, auf die Erwiderung ihrer Liebe warten oder darauf, dass sich der oder die Geliebte vom Partner trennt. Doch die Liebe ist jetzt. Sie lebt in der Gegenwart, liebt das, was ist, nicht das, was sein könnte. Diese Gedanken sind eine Illusion: Wenn er sich nur ganz für mich entscheiden könnte, wenn sie sich von ihrem Partner trennen würde, wenn die Kinder nicht wären, dann... Das Leben ist jetzt. Die Liebe hält der Realität stand. Ist etwas jetzt nicht, soll es nicht sein. Und wenn es eines Tages sein sollte, wird es sein. Es bringt nichts, auf etwas zu warten, was jetzt nicht ist. Das Leben ist weise und kennt keine Irrtümer. Unsere Vorstellungen, wie es anders sein sollte, haben keine Substanz, sie erzeugen nur Leiden, wenn wir an sie glauben. Wenn du nicht leiden willst, gib deine Liebe frei.

Einige Jahre bevor ich Guido begegnete, wartete ich lange auf einen 13 Jahre älteren Mann, den ich zu lieben glaubte. Diese Zeit war begleitet von einer unbeschreibbaren Sehnsucht. Ich konnte mich manchmal auf nichts anderes als auf ihn konzentrieren, in Gedanken war ich immer bei ihm und litt darunter, ihn nicht zu sehen. Ich lebte nur für die Momente, in denen ich ihm begegnete und hoffte immer, er würde sich ganz für mich entscheiden und sich von den anderen zwei Frauen, mit denen er auch noch zusammen war, trennen. Mit einer von ihnen lebte er, mit mir wollte er eine sexuelle Beziehung. Für mich war es unvorstellbar, mit ihm nur eine sexuelle Beziehung zu haben. Ich wollte eine ernsthafte, treue Beziehung. Deshalb wies ich seine Annäherungsversuche zurück. Selbst einige Jahre später, als schon andere Männer in mein Leben getreten waren, glaubte ich noch, nie wieder für einen Mann so empfinden zu können.

Als ich Guido kennenlernte, hörte das schlagartig auf. Da fühlte ich, dass unsere Liebe wahrhaftig und getragen ist von einer Bedingungslosigkeit und Unendlichkeit, ja ihr entspringt. Wie Schuppen fiel es mir von den Augen, das der andere Mann mir nie entsprochen hätte, dass er gar nicht der Mann war, den ich mir von Herzen wünschte, sondern nur ein Puzzlestück meiner Fantasien. Damals hielt ich das für Liebe. Ich liebte ihn aber gar nicht, wie er war. Ich wollte, dass er sich meinen Vorstellungen entsprechend zu einem treuen Mann formte, der er offensichtlich nicht war. Ich wollte keinen Mann, der auf so vielen Hochzeiten tanzte. Wie wunderbar für ihn, für sein Leben. Doch nichts für mich. Ich liebe Ehrlichkeit, Aufrichtigkeit und absolute Hingabe. Damit war klar, dass er mir nicht annähernd entsprach und gar nicht der Richtige sein konnte. Dafür war ich jedoch damals blind. Und taub war ich auch, sobald mich jemand darauf aufmerksam machte, dass mir dieser Mann nicht gut täte und ich nicht auf ihn hoffen sollte. Eigentlich wusste ich das selbst schon lange. Offensichtlich wollte ich leiden, indem ich das begehrte, was ich nicht haben konnte.

Die Erfahrung einer unerfüllten Liebe habe ich nie gemacht. Sie wurde immer erwidert. Auch wenn ich in den vorangegangen Beziehungen von den Frauen verlassen wurde und einige kurze Momente verletzter Eitelkeit spürte, hatte ich nicht das Gefühl, eine große Liebe verloren zu haben oder ungeliebt zu sein. Vielleicht lag das ja daran, dass ich mich auf die Beziehungen vor Barbara nie vollständig eingelassen habe. Ich weiß nicht, ob ich wusste oder mir nur erhoffte, dass es irgendwo eine Frau gibt, die mein ganzes Herz gewinnt. Denn mit weniger hätte ich mich auf Dauer nicht zufrieden geben können. Zu 100 Prozent lieben zu können, war mir mindestens genauso wichtig, wie zu 100 Prozent geliebt zu werden. Es gab so unendlich viel Liebe in mir, die sich verschenken wollte. Zu keiner Frau, nur zu Barbara, wollte meine Liebe so selbstverständlich, unbeabsichtigt und unkontrolliert fließen. Vielleicht spürten die Frauen vorher, dass sie mein Herz nicht ganz erobern konnten.

Natürlich machte ich auch die Erfahrung, von manchen Menschen nicht angenommen oder sogar abgelehnt zu werden. Das war für mich aber nie von Bedeutung, weil ich auch nichts von ihnen wollte. Es hat mich nie wirklich berührt, geschweige denn geschmerzt. Überhaupt hat das Thema, mich ungeliebt zu fühlen, keine große Rolle in meinem Leben gespielt.

Es ist ein Phänomen, dass die unerfüllte Liebe besonders das begehrt, was schwer zu haben ist. Die unerfüllte Liebe entspringt einem Gefühl des Begehrens und der damit verbundenen Sehnsucht, hinter all dem jedoch steht emotionaler Mangel und die Hoffnung, der Partner könne die Erfüllung bringen. Bekommt die unerfüllte Liebe plötzlich die Chance, gelebt zu werden, zerplatzt sie manchmal wie eine Seifenblase und sieht sich mit Herausforderungen konfrontiert, die in den gedanklichen Sehnsüchten nicht einmal ansatzweise vorstellbar waren. Denn plötzlich hast du nicht mehr deinen Traumpartner, sondern einen Menschen mit all seinen Stärken und Schwächen vor dir. Deine romantischen Vorstellungen werden zerstört. In einer gelebten Beziehung wirst du unmittelbar mit dem Leben konfrontiert und bekommst deine wunden Punkte um die Ohren gehauen. Das bringt Wunschvorstellungen und Träume zum Platzen. Allerdings kann eure Liebe, wenn sie die Chance bekommt, gelebt zu werden und einem tiefen Gefühl entspringt, das alles überstehen. Entspringt sie allerdings dem alten Muster der unerfüllten Liebe, lebt sie davon, unerfüllt zu bleiben, um dich weiter leiden zu lassen.

Dabei lässt dich nicht deine unerfüllte Liebe leiden, nicht dieser eine Mann oder diese eine Frau, sondern das mangelnde Gewahrsein der Vollständigkeit, der Liebe in dir selbst. Hast du die Nase voll vom Leiden, gilt es, auf dich zu achten, dir nicht mehr selbst weh zu tun, indem du an deiner unerfüllten Liebe festhältst. Viele Menschen haben Angst davor, jetzt erfüllt und glücklich zu sein und leiden stattdessen lieber. Jede Suche, ob nach Liebe, Erfolg,

Geld oder Anerkennung, ist ein Spiel mit unerfüllten Bedürfnissen, das nur Leiden schafft. Wir glauben, etwas zu brauchen, was wir noch nicht haben, etwas das uns fehlt, um glücklich zu sein. Wir sind nie ganz zufrieden. Was ist, wenn du aufhörst, unentwegt etwas anderes zu wollen, als das, was ist; wenn du aufhörst, zu glauben, dir würde es an etwas Wichtigem mangeln? Wie wäre es, da innezuhalten, wo du jetzt bist? Dir fehlt nichts. Dir mangelt es nicht an Liebe, nicht an Anerkennung, nicht an Erfolg. Das, was du beim anderen suchst, findest du alles in dir.

Menschen, die eine Neigung zur unerfüllten und nicht gelebten Liebe haben, verlieben sich oftmals in Menschen, deren Muster es ist, immer begehrt zu sein. Alles dreht sich um sie. Sie üben eine Faszination aus, scheinen niemanden zu brauchen, weil ihr strahlendes Licht andere anzieht. Oft haben die ewig Begehrten nur Angst, sich zu binden, sich auf einen Partner einzulassen. Ihre vermeintliche Sicherheit, ihre Macht und Stärke beziehen sie daraus, begehrt, unerreichbar und unantastbar zu sein. Meist sind sie dahinter aber hochgradig sensibel und verletzbar, auch wenn das andere Geschlecht sie als schillernd und begehrenswert empfindet. Häufig sind sie auch noch beruflich sehr erfolgreich und schützen sich durch ihre Arbeit. Doch so unverletzbar, wie sie sich zu machen versuchen, sind sie nicht. Das Leben findet immer eine Lücke. Auch sie sind nie wirklich sicher, weil ein Teil ihrer scheinbaren Stärke aus Angst- und Fluchtreaktionen resultiert. Sie können ihre Spiele nur spielen, weil es genug Menschen gibt, die der Liebe hinterherlaufen und sich selbst nicht achten.

Wer die Erfahrung der unerfüllten Liebe nicht kennt, fühlte sich vielleicht auf andere Art und Weise nicht ausreichend geliebt, sei es vom Partner, von den Eltern, vom Chef oder auch von Gott und dem Leben. Aber egal, wie sehr du dich verletzt und ungeliebt gefühlt hast, es war nur möglich, weil du dir der Liebe des Daseins, der Liebe in dir, nicht bewusst warst. Es spielt keine

Rolle, wer dich zu lieben scheint und wer nicht. Das bewegt sich alles an der Oberfläche. Du brauchst der Liebe nicht hinterherzulaufen und du brauchst sie auch nicht von einem bestimmten Menschen. Die Liebe liegt in deinem Sein. Lass dich von ihr erfüllen.

Genau das fiel Martina sehr schwer. Sie hat ihrer unerfüllten großen Liebe lange hinterher getrauert und den Schmerz bis heute nicht ganz überwunden. Sie ist verheiratet und hat zwei Söhne. Ihren Mann hat sie nur geheiratet, weil sie mit ihrer großen Liebe, einem Mann, der genau wie sie verheiratet ist und zwei Kinder hat, nicht leben konnte. Martina und ihre große Liebe fühlten sich tief verbunden. Obwohl auch er in ihr die Frau seines Lebens sah, konnte er selbst nach einigen Versuchen seine Familie nicht endgültig verlassen. Er fühlte sich für seine Kinder und seine Frau verantwortlich und dachte, er würde sein Glück auf Kosten seiner Familie aufbauen. Für Martina war das unendlich schmerzhaft und begleitet von dem Gefühl, nie wieder so lieben zu können. Es schien ihr unmöglich, nochmals ihr Herz zu verschenken. Ihre Entscheidung, ein Jahr später dann doch ihren jetzigen Mann zu heiraten, war eine nüchterne, vernünftige Angelegenheit. Sie wollte gerne Kinder, und ihr Mann schien prädestiniert dafür, ein guter Vater zu sein. Doch der Kompromiss, den sie eingegangen war, blieb in der Partnerschaft immer offensichtlich. Beide konnten sich nicht wirklich berühren. Wie auch? Sie hatte der Liebe nie mehr eine Chance gegeben. Sie war immer noch traurig, dass ihr Traummann sie nicht genug liebte, um alles hinter sich zu lassen. Ihr Herz gehörte nach wie vor der unerfüllten großen Liebe. Geblieben sind Sehnsucht und Enttäuschung. Trotzdem investierte sie viel Energie in ihre Ehe und versuchte, das herzustellen, was sie sich wünschte. Nur um dann doch wieder und wieder zu erfahren, dass sie ihren Mann nicht verändern und Nähe nicht erzwingen konnte. Jetzt nimmt sie Abschied von ihrer alten unerfüllten Liebe.

Wenn du die ganze Enttäuschung, den vermeintlichen Schmerz, die Wut, die Angst, die Zerstörung zulässt, versiegt und endet alles in der Liebe. Liebe ist, Liebe bleibt, ewig. Egal was in deinem Leben geschah, egal, ob du dich nicht ausreichend geliebt und verwundet fühlst und dir Heilung ersehnst, etwas in dir ist immer heil und ganz geblieben und von allem unberührt. Erinnere dich an deinen Kern. Das heile Ganze ist unzerstörbar und ewig. Es geht nicht um den anderen oder darum, dass andere dich lieben oder begehren. Es gibt keinen Mangel an Liebe. Hab den Mut anzuhalten, innezuhalten, die Liebe in dir zu fühlen, da zu sein, wo du bist. Egal, wie sehr du glaubst, verletzt worden zu sein, liebe, als wärst du nie verletzt worden. Niemand hat die Macht, über Liebe und Nicht-Liebe zu entscheiden. Wir nehmen alles persönlich und vergessen dabei, dass im Dasein selbst die Liebe ist. Während wir an der Oberfläche nach Liebe und Bestätigung suchen, vergessen wir die Großartigkeit der Liebe, die in der Tiefe in uns steckt. Fürs Ego wird es nie genug sein. Es wird nie Erfüllung finden. Doch unter der Oberfläche, in der Tiefe deines Seins, ruht die Liebe, die unendlich ist. Sie kennt keinen Anfang und kein Ende. Komm endlich an. Sobald du erkennst, dass dir nichts fehlt, gehört dir die ganze Welt. Glaube diesen unerfüllten Bedürfnissen nicht, dieser ewigen Sucht-Suche. Du verpasst nur den Moment und verhinderst damit, dich in die große Liebe fallen zu lassen, in ihr aufzugehen.

Viele von uns haben das Gefühl, es gäbe nicht genug Liebe in dieser Welt, oder das Schicksal enthalte uns die große Liebe vor. Dabei weisen wir die Größe der Liebe selbst zurück, beschränken sie aus Angst davor, das Ich könnte sich als getrennte, eigenständige Identität in der Unendlichkeit der Liebe auflösen. Es gibt keinen Mangel an Liebe – niemals. Das erscheint nur so, weil wir die Vollständigkeit unseres wahren Seins vergessen haben. Doch immer mehr Menschen werden sich dessen bewusst. Es ist nicht aufzuhalten. Anstatt zu überlegen, wo dir die große

Liebe vorenthalten wird und dich darüber aufzuregen, erinnere dich. Es gibt keinen einzigen Grund zu leiden. Verändere deinen Blickwinkel. Sei da, wo du bist. Hör auf, einem Phantom oder einem Bild von der Liebe hinterher zu rennen. Wenn du der Liebe alles gibst, erfüllt sie dich. Lass sie jetzt zu, anstatt der Liebe anderer ein Leben lang nachzulaufen.

Eifersucht und Treue

Für mich war das im ersten Jahr unserer Beziehung wirklich schwierig. Die Frau, die ich über alles liebte, flirtete auch noch mit anderen Männern und mit einem von ihnen schlief sie. Auch wenn das nur über kurze Zeit ging, hat mich das sehr geschmerzt. So souverän, wie ich vielleicht wirkte, fühlte ich mich nicht. Obwohl ich gekränkt und in meiner Eitelkeit verletzt war, hätte ich mich niemals von Barbara getrennt. Diese Frage stellte sich mir nicht. Jeglicher Logik zum Trotz spürte ich ihre Liebe zu mir. Ich hatte immer das Gefühl, dass sie zu mir stand. Selbst in dieser Situation, in der ich rasend eifersüchtig war, ihr am liebsten gefolgt wäre und mich mit dem Kerl geprügelt hätte, war ich gleichzeitig von einer eigenartigen Ruhe und von einer unerschütterlichen Liebe getragen. Ich wollte mit ihr mein Leben teilen und war glücklich, sie endlich gefunden zu haben. Auf unerklärliche Weise ahnte ich, dass es sich lohnen würde, das durchzustehen und nicht bei der ersten Herausforderung das Handtuch zu werfen. Rückblickend gesehen, hat es sich gelohnt. Dreiundzwanzig glückliche Jahre, eine so außergewöhnliche Beziehung. Gott sei Dank war Treue dann die letzten zweiundzwanzig Jahre nie wieder ein Thema.

So vielen Stürmen unsere Liebe im ersten Jahr ausgesetzt war, so klar, unbeirrt und auf das Wesentliche konzentriert ist sie seitdem.

Da Barbara nicht nur mir, sondern auch manch anderem Mann gefällt, hätte ich oft genug Gelegenheit, wieder eifersüchtig zu sein. Trotzdem war ich nach den Affären im ersten Jahr nicht mehr eifersüchtig. Ich spürte, dass bei Barbara keine Resonanz mehr zu anderen Männern bestand. Da kann glotzen wer will, sie reagiert nicht drauf, bemerkt es meistens nicht einmal. Ein schönes Gefühl, so uneingeschränkt zu lieben und geliebt zu werden. Trotzdem stecke ich, wenn einer mal wieder einen dreisten Blick auf ihren Hintern wirft, mein Revier ab. Ich mache dann unmissverständlich auf mich aufmerksam, schaue dem Anderen in die Augen, um zum Ausdruck zu bringen, wie sehr mir das missfällt. Wie die Erfahrung zeigt, sind meine Blicke wirkungsvoll. Denn danach traut sich keiner mehr.

Im ersten Jahr unserer Beziehung wollte ich mir mit diesen Affären ein paar Hintertüren offenlassen. Ich war einundzwanzig und hatte Angst, mich ganz in die Liebe fallen zu lassen und wieder verletzt zu werden. Dabei empfand ich nie den leisesten Zweifel, dass Guido der Richtige für mich sei, und wusste, dass niemand seinen Platz einnehmen könnte. Ich spielte von Anfang an mit offenen Karten. Die Männer wussten von Guido, und Guido wusste von ihnen. Viele Menschen sind der Meinung, unbedeutende Affären seien besser geheim zu halten. Ich hatte aber immer das Gefühl, dass etwas zwischen uns stehen würde, wenn ich das täte. Während der Affären begleitete mich überraschenderweise das tiefe Empfinden, Guido trotzdem treu zu sein. Das, was wir in der Tiefe miteinander teilten, blieb davon unberührt. Daran konnte niemand rühren, weil es über alles erhaben war. Der letzte Mann, mit dem ich eine Affäre hatte, hoffte, ich würde Guido verlassen, obwohl ich ihm von Anfang an sagte, dass ich mich auf keinen Fall trennen würde, weil unsere Liebe ein wertvolles Geschenk sei. Ich hatte die ganze Zeit über das Gefühl, dass es diese Freiheit, diese Intensität von Liebe, die ich mit Guido erlebe, sehr selten in Beziehungen gibt. Dieser Mann wollte das aber nicht wahrhaben. Aus ein paar aufregenden Tagen mit ihm erwuchs sehr viel Leiden. Das war äußerst lehrreich für mich, weil ich die Suchtstruktur, die in meinen kurzen Affären lag, erkannte. Ähnlich wie ein Alkoholiker suchte ich den Rausch des Verliebtseins und der knisternden Erotik. Letztendlich aber flüchtete ich vor der Angst, mich ganz in die Liebe mit Guido fallen zu lassen. Ich fürchtete mich davor, es nicht zu überleben, so grenzenlos zu lieben und vielleicht verlassen zu werden. Die Angst, mich ganz auf Guido einzulassen, stand für die Angst, mich ganz und ungeschützt der Liebe an sich hinzugeben, von ihr zerstört zu werden, mich in ihr aufzulösen, von Guidos Liebe abhängig zu sein. Ich war mir der allumfassenden Liebe, der Unzerstörbarkeit des Selbst noch nicht bewusst.

In den Anfangsjahren war ich auch einmal eifersüchtig. Auf der Einweihungsparty für unsere neue Wohnung flirtete Guido seine Arbeitskollegin vor den Augen ihres Freundes an. Zu der Zeit ging er mit mir wenig charmant um. Oh, war ich wütend. Ich zog alle Register, auch wenn ich mir zunächst nichts anmerken ließ. Stattdessen lockte ich ihn zuckersüß unter einem Vorwand ins Bad und hielt ihm eine Standpauke: „Das machst du nicht noch einmal. Das ist ja wohl das Allerletzte." Er spielte den Ahnungslosen: „Ich weiß gar nicht, was du meinst. Da ist nichts. Du reagierst völlig über."

Das brachte mich noch mehr auf die Palme. Eine Woche lang blieb dieser Abend ein intensives Thema zwischen uns. Ich war verletzt, voller Vorwürfe und eingeschnappt. Am meisten störte mich, dass er nicht einfach zu seinen Gefühlen, die offensichtlich waren, stand. Irgendwann gab er schließlich zu, dass er sich zu dieser Frau hingezogen fühlte, aber sonst nichts zwischen ihnen laufen würde, er auch kein Interesse daran hätte. Ihm sei bewusst, dass nichts ihm das geben könne, was wir miteinander lebten. Als er seine Gefühle für sie zugab, wurde ich ruhig. Danach war das Thema erledigt.

War es uncool, eifersüchtig zu sein? Das war mir völlig egal. Ich war eifersüchtig. Punkt. Wie man sich in solch einer Situation verhalten sollte, dazu hatte ich keine Meinung.

> *Ich habe zunächst gar nicht registriert, dass ich mit Maria flirtete. Deshalb war ich von Barbaras Reaktion völlig überrascht und vor den Kopf gestoßen. Ich wusste wirklich nicht, was sie von mir wollte. Warum sie so wütend war und diese Szene im Bad hinlegte, war mir völlig schleierhaft. Ich habe einige Zeit gebraucht, um meine Gefühle und Absichten zu überprüfen – bis ich feststellte, dass es mir doch wichtig war, von Maria als Mann wahrgenommen zu werden. Ich war nicht in sie verliebt, wollte nur flirten und austesten, ob ich ihr gefalle. Dass Barbara das verletzten könnte, war mir damals nicht bewusst. Es wäre für mich nie in Frage gekommen, etwas mit Maria anzufangen, weil ich wusste, was ich mit Barbara hatte und verlieren könnte. Außerdem, wieso sollte ich einen Golf fahren, wenn ich einen Ferrari habe. Dieses Gefühl, keine bessere Frau für mich auf dieser Welt finden zu können, hat sich über die ganzen Jahre potenziert. Sicherlich registriere ich auch andere attraktive Frauen, ich laufe ja nicht mit geschlossenen Augen durch die Welt, aber das weckt in mir kein Interesse oder Begehren. Ich glaube, das liegt daran, dass ich mit Barbara nichts vermisse. Ich muss nicht einmal meinen Verstand einschalten*

oder mich zur Räson rufen, um treu zu sein, weil ich kein Verlangen nach einer anderen Frau habe. Außerdem beziehe ich, bis auf diese Situation, meinen Selbstwert nicht aus der Anzahl der Frauen, die Interesse an mir haben könnten. Anerkennung von anderen Frauen wäre vielleicht für einen Moment schmeichelhaft, aber am Ende nur ein billiger Abklatsch und nie das, was ich wirklich gesucht habe.

Ich komme gut mit Frauen klar, habe zu ihnen meist den besseren Kontakt als zu Männern. Wenn ich Nähe und Vertrautheit zu anderen Frauen spüre, spielt sich das auf einer menschlichen, freundschaftlichen Ebene ab. Ich mag den Kontakt zu Menschen sehr, ich mag auch Frauen, aber diese Art von Nähe kann und will ich nur mit Barbara teilen.

Bis auf meine Eskapaden im ersten Jahr war Treue nie ein Thema. Ich bin einfach von selbst treu, und nicht, weil wir verheiratet sind und das so sein soll. Es interessiert mich nicht, eine Idee oder eine Vorstellung von Ehe und Liebe zu erfüllen. Ich weiß nicht, wie eine richtige Ehe auszusehen und zu verlaufen hat. Es gibt kein Gerüst, nur das wahre Leben. Wie lang muss eine Ehe, eine Beziehung dauern? Bis ans Ende des Lebens oder darüber hinaus? Was bedeutet überhaupt Treue? Da ist kein Ich, das einem Du verpflichtet ist. Es ist wundervoll, mit Guido zu sein. Ich habe keine Verpflichtung, treu sein zu müssen. Es gibt keinen Zwang, keine Leistung. Alles fühlt sich selbstverständlich, leicht und natürlich an. Ich freue mich, mit ihm zusammen sein zu dürfen. Ein Puzzleteil passt in das andere. Wäre Guido nur treu, weil er es als eine Art Versprechen ansieht, aber sein Herz zöge es woanders hin, dann könnte er gehen, wohin sein Herz ihn führt. Ob ich, wenn Guido ständig Affären hätte, lange mitmachen würde, steht auf einem anderen Blatt. Vielleicht wäre dann unsere gemeinsame Zeit abgelaufen. Aber selbst das weiß ich nicht. Vielleicht könnte ich auch darüber hinwegsehen.

Schon früher kam für mich ein Mann, der Affären hat, nicht in Frage. Sobald ich merkte, dass er einem Muster folgt, indem er alle Frauen anbaggert, zog ich mich zurück. Das Absolute an Guidos Liebe berührt mich, es entspricht mir, findet in mir dieselbe Resonanz.

Warum habe ich trotz unzähliger Gelegenheiten nie mehr die Nähe zu einem anderen Mann gesucht? Wie kann ich schon so lange nur mit einem Mann zusammen sein? Aus Moral, wegen eines Eheversprechens oder weil es keine Anziehung zu anderen Männern gegeben hätte? Ein Eheversprechen ist für mich kein Grund zu bleiben, auch wenn ich zur Ehe erst Ja sagte, als ich aus der Tiefe meines Herzens spürte, Guido treu bleiben zu können. Trotzdem wusste ich, dass weder Guido noch ich eine Garantie geben können und auch nicht müssen. Ich bin vielen Männern begegnet. Warum dann Guido? Mit ihm passt es einfach. Ich habe keinen Wunsch nach einem anderen Partner, ich will auch nicht, dass Guido irgendwie anders sein sollte. Für mich ist diese Liebe mit allen Ecken und Kanten perfekter, als alle Vorstellungen von einem gebastelten Traummann. Das bezieht sich nicht nur auf Guido, sondern auf das ganze Leben. Alles ist durchflutet von Vollkommenheit, wie ein nie versiegender Fluss von Liebe, die mich in ihrer Magie und Unbegreifbarkeit nur staunen, danken und vor ihrer Unendlichkeit verneigen lässt. Alles findet sich im Dasein selbst, dort gibt es kein Sehnen nach etwas anderem, genauso verhält sich das in unserer Beziehung. Was ist größer als Vollkommenheit? Das Ende der Suche. Das Gefühl, in puncto Partnerschaft angekommen zu sein, und dass das nicht zu toppen sei, hatte ich bereits vor dem Erwachen in dem Einen Bewusstsein.

Trotzdem gibt es auf der menschlichen Ebene keine Sicherheit. Guido kann sich morgen in eine andere Frau oder ich mich in einen anderen Mann verlieben, unser Zusammensein kann im nächsten Moment schon enden, so wie alles auf dieser Erde der Vergänglichkeit unterliegt, auch wenn es überhaupt nicht danach aussieht.

Als ich fünfzehn, sechzehn Jahre alt war, zählte ich immer, wie viele Verehrer ich hatte. Das war so eine Art unausgesprochener Wettbewerb mit einer Freundin. In diesen Jahren war mir die Resonanz von Männern wichtig. Es erfüllte mich mit Freude, wenn ich begehrt und gemocht wurde. Das hob mein Selbstwertgefühl. Nach den Affären im ersten Jahr unserer Beziehung und dem klaren Ja zu Guido hörte das auf. Ich spürte, dass es nichts mit mir zu tun hat, wenn jemand in mich verliebt ist. Es war mir auf einmal egal, ob ich jemandem gefalle. Ich brauchte keine Bestätigung mehr, da wuchs eine innere Gewissheit, eine innere Unabhängigkeit heran. Ich hatte auch keine Lust mehr auf diese Spiele und Abenteuer.

Für viele Menschen ist es wichtig, zu flirten und ihre Attraktivität bestätigt zu bekommen. Das erhöht ihr Selbstwertgefühl. Sie denken, mehrere Eisen im Feuer zu haben, würde sie vor Verletzung zu schützen und davor bewahren, am Ende ganz allein zu sein. Das dachte ich früher auch. In der Regel belastet das aber eine Beziehung unnötig. Diese Art der Bestätigung durch andere macht dich auf Dauer nicht glücklich. Meist verbrennst du dir eher die Finger. Die Liebe, die Achtung, die Lebendigkeit, die du darin suchst, findest du nicht. Die kannst du nur in dir selber finden.

Eine offene Beziehung, die Affären oder einen weiteren Partner mit einschließt, war für uns nie Thema. Ich kann nachempfinden, dass Menschen sich nicht wohl fühlen, wenn ihr Partner ständig Affären hat. Sie ertragen das manchmal über Jahre, werden aber ihre Eifersucht nicht los, weil sie nicht wirklich damit leben können. Ist es wirklich ihre Aufgabe, alles zu ertragen und zu erdulden? Manche Menschen glauben, dass sie frei von Eifersucht werden müssen, um bedingungslose Liebe zu lernen. Sie quälen sich jahrelang. Ich stelle in Frage, ob das ihre Aufgabe ist. Aber was tun, wenn der Partner fremdgeht? Sich sofort trennen, damit leben lernen, an sich „arbeiten", bis es einem nichts mehr ausmacht? Ich kenne kein Paar, das auf diese Weise eine dauerhaft entspannte Beziehung führt. Die Vorstellungen von einer freien Liebe und Partnerschaft übertünchen oftmals ihre wirklichen Bedürfnisse. Aber das heißt nichts. Nur weil ich das noch nicht gesehen habe, bedeutet es nicht, dass es nicht für den einen oder anderen passen kann. Ich schließe das absolut nicht aus. Alles ist möglich. Zu bleiben oder zu gehen, wenn der Partner eine Affäre hat, hängt vom Menschen, von der Situation und vom Zeitpunkt ab. Beides kann stimmen. Da gibt es keine Regel, kein Konzept.

Vertraue deinem Herzen, jenseits von irgendwelchen weltlichen, spirituellen oder psychologischen Sichtweisen. Du kannst auf den Tisch hauen oder darüber hinwegsehen. Vielleicht spürst du auch gar nichts. Es geht nur um die Situation, um dich, um das, was wirklich ist, nicht um deine Meinung oder um eine Theorie.

Wenn mich jemand dazu befragt, antworte ich aus dem Moment heraus, auf den einzelnen Menschen und seine Situation bezogen. Die Antworten können bei zwei verschiedenen Personen ganz unterschiedlich, ja sogar entgegengesetzt ausfallen. Du brauchst keine Richtlinie, keinen Fahrplan für diese Welt. Mach dich leer, um deinem Herzen zuzuhören.

Wer selbst nicht fremdgeht und den Wunsch nach einer monogamen Partnerschaft hat, leidet meist unter den Affären des Partners. Dieses kleine ungeliebte Ich erwartet dann eine Veränderung des Partners und macht ihm Vorwürfe, um endlich einzig geliebt zu werden.

Vielleicht ist dein Partner noch mit jemand anderem zusammen und für dich passt das? Wenn dem so ist, bestens. Solltest du aber insgeheim darauf hoffen, dass dein Partner sich ganz für dich entscheidet, machst du dir etwas vor. Was, wenn sich nichts ändert? Warte nicht auf irgendetwas. Egal, in welcher Situation du dich befindest, es gibt zwei Möglichkeiten: Entweder du findest wirklich deinen Frieden mit der Situation, wie sie ist, oder du hast den Mut, eine Veränderung herbeizuführen oder zu gehen, falls dein Herz wirklich etwas anderes will. Deinen Partner für dein Unwohlsein verantwortlich zu machen und ein halbes Leben darauf zu hoffen, dass er seine Affären beendet, ist Zeitverschwendung. Dein Partner ist, wie er ist. Und so, wie er ist, soll er sein. Akzeptiere das. Wenn du ihn zu etwas machen willst, was er nicht ist, tut das beiden weh.

Warum sollte dein Partner nicht mit anderen flirten oder fremdgehen? Wir können jetzt die Moral und viele andere Argumente anführen, warum das falsch ist. Und selbst wenn, dein Partner hält sich offensichtlich nicht daran! Die Realität sieht anders aus. Vergeude nicht deine Zeit und Energie! Du bist kein Opfer dieser Situation. Du bist frei, du musst das nicht mitmachen. Und wenn du nicht handeln kannst oder willst, dann erforsche einfach nur, was dieses Leiden wirklich verursacht. Es ist nie die Situation selbst, die dich leiden lässt; deine Glaubenssätze, deine innere Haltung, das mangelnde Bewusstsein deiner Vollständigkeit sind dafür verantwortlich.

Jemanden zu lieben scheint in unserem gesellschaftlichen Verständnis damit gleichbedeutend zu sein, ihn zu besitzen, festzuhalten und unter Kontrolle zu haben. Wir sind nur mit unseren Partnern, wir besitzen sie nicht. Wir kommen von selbst immer wieder angeflogen, solange es so sein soll. Ich bin auch nicht einzusperren. Das Leben lässt mich aber einfach von selbst immer wieder voller Freude mit Guido sein, weil es sich wunderbar anfühlt.

Fällt es dir schwer, dich und deinen Partner frei sein zu lassen? Bist du immer wieder einmal eifersüchtig, obwohl du alles versuchst hast, um dieses Gefühl loszuwerden? Wenn Gefühle von Eifersucht hochkommen, dann ist das so. Sie sind menschlich. Eifersucht kommt und geht auch wieder. Halte sie weder fest noch versuche, sie loszuwerden. Nichts ist an dir falsch, wenn du eifersüchtig bist. Das ist menschlich. Vielleicht entspringt die Eifersucht deiner Angst, nicht zu genügen, verlassen zu werden, ohne deinen Partner nicht glücklich zu sein und ihn zu brauchen. Besinne dich auf dich. Stell dich deiner Angst und gib deinen Partner, deine Liebe frei. Sie strömt, wenn es sein soll, zurück. Und wenn nicht, hilft auch alles Festhalten nichts. Es ist immer genug Liebe für alle da. Dein Partner gehört dir nicht, selbst wenn du verheiratet bist.

Judith fühlte sich von Kind an nicht geliebt, war auf ihre Schwester eifersüchtig. Sie kämpfte besonders um die Liebe und Anerkennung ihres Vaters. Sobald sie den Eindruck hatte, ihre Schwester bekäme mehr Aufmerksamkeit und Liebe als sie, war sie eifersüchtig. Auch heute noch fühlt sie sich von Männern nicht ausreichend geliebt und konkurriert mit anderen Frauen um deren Gunst. Mittlerweile ist sie fünfzig Jahre alt, arbeitet in einem lukrativen Job, den sie sehr liebt, und hat viele gute Freunde. Nur mit einer erfüllten Beziehung scheint es nicht zu klappen. Momentan liebt sie einen Mann, der Affären mit anderen Frauen hat. Obwohl es utopisch ist, hofft sie, dass er sich ganz für sie entscheiden möge. Wenn er bei einer anderen Frau ist, wird sie rasend vor Eifersucht, findet keine Ruhe, und ihre Gedanken sind ständig bei ihm. Es tut ihr weh, dass sie ihm nicht wichtig genug zu sein scheint.

Eigentlich möchte sie einen Mann, der treu und nur mit ihr zusammen ist. Notorisch untreue Männer entsprechen ihrem wirklichen Bedürfnis ganz und gar nicht. Dabei ist er gar nicht der Mann, den sie sich von Herzen wünscht. Aber sie registriert die Möglichkeit, Nein zu sagen zu einem Mann, der mit vielen Frauen zusammen ist, gar nicht. Sie übersieht, dass die Männer, die sie nicht ganz wollen, auch für sie nicht die passenden Partner sind. Ihr geht es nicht um eine erfüllte Liebe, sondern um Selbstverletzung, um die Bestätigung ihrer uralten Geschichte, nicht geliebt zu sein. In unserem Gespräch wurde ihr die eigene Resonanz bewusst, untreue Männer anzuziehen. Sie verstand, dass sie kein Opfer dieser untreuen Männer war, sondern nach einem altbekannten Muster im Umgang mit Männern handelte. Statt Rücksicht darauf zu nehmen, was ihr wirklich gut tat, fügte sie sich diesen Schmerz immer wieder zu. Sie ging sogar so weit, einen Mann zu begehren, der sich von ihr distanzierte, weil er eine andere wollte, obwohl sie von Anfang an spürte, dass er nicht der Richtige für sie war. Jetzt hat sie es endlich satt, der Liebe hinterherzurennen.

Dieser immer hungrige Anteil in dir, der sich nicht ausreichend geliebt fühlt, ist auf Mangel konzentriert und nicht zu sättigen. Diesen Mangel an Liebe, an Bewusstheit in dir kann kein Mensch füllen, selbst wenn er dir sein ganzes Leben schenken würde. Es reicht nie. Kehre zum Wesentlichen zurück, denn im Kern deines Seins fehlt nichts. Keiner kann dir Liebe geben oder nehmen. Sie ist kein Besitz, sondern immer da, sie kennt keinen Anfang und kein Ende. Es wird dir nichts vorenthalten, du wirst um nichts betrogen. Nur die Enge, die Begrenztheit deiner Vorstellung von Liebe gaukelt dir das vor und lässt dich leiden. Du glaubst nur an einen Mangel von Liebe, dabei ist sie unendlich.

Vor ein paar Jahren träumte ich einmal, dass Guido glücklich mit einer anderen Frau zusammenlebte. Unsere Beziehung war beendet. Ich spürte in diesem Traum immer noch Liebe und einen Hauch Melancholie, die gleichzeitig getragen waren vom Frieden tiefen Einverstandenseins. Ich habe von Kind an Wahrträume, was aber nicht heißen muss, dass auch dieser einer war. Wer weiß schon, wie das Leben spielt. Ich bin dankbar für die gemeinsame Zeit, die wir jetzt miteinander haben. Früher machte mich schon die Vorstellung, dass Guido mit einer anderen Frau leben würde, sehr traurig und verzweifelt. Heute berührt mich diese Vorstellung nicht mehr. Wie es dann wirklich wäre, weiß ich natürlich nicht, kümmere mich aber auch nicht darum.

Es gibt genug Liebe für alle, in allem. Niemand kann dir Liebe nehmen, das ist nicht möglich, niemals. Wir haben nichts, besitzen nichts. Ich gehöre nicht Guido, er gehört nicht mir und doch sind wir uns so nah und seit über zwanzig Jahren treu.

Erika ist mittlerweile über 40 Jahre verheiratet, Mutter von vier erwachsenen Kindern und Großmutter. Sie hatte schon immer sehr klare Vorstellungen von Treue. Eine Affäre war für sie unvorstellbar, unmoralisch und ein Scheidungsgrund. Eines Tages kam sie total aufgelöst zu mir. Sie hätte es niemals für möglich gehalten, dass sie sich verlieben und fremdgehen würde. Und das auch noch in ihrem Alter, mit über siebzig Jahren. Sie war entsetzt über sich. Solche Frauen habe sie immer für egozentrisch, verkorkst und primitiv gehalten. Sie hatte Schuldgefühle, traute sich nicht einmal, mit ihrer besten Freundin darüber zu reden, so sehr schämte sie sich. Selbst mit mir darüber zu sprechen kostete sie große Überwindung. Es klang wie eine Beichte. Sie war streng religiös aufgewachsen, hatte Angst, sich von Gott entfernt und Unrecht getan zu haben. Gleichzeitig war sie aufgeblüht und voller Leben. Eine wahre Revolution, die ihr offensichtlich sehr gut tat. Sie lernte viel über Moralvorstellungen und Urteile und vor allem, wie das Leben selbst ganz anders spielt, als man es sich denkt. Wir schauten uns ihre Schuldgefühle an, die sich lösen durften. Etwas später war die Affäre von selbst erledigt. Doch die Verwandlung, die in ihr geschehen war, blieb, ließ sie weicher werden und das Leben genießen. Sie hatte Aspekte an sich entdeckt, die sie nie für möglich gehalten hatte. Es war, als hätte sie sich ins Leben verliebt, als sei sie wachgeküsst worden. Sie war plötzlich mehr als nur Hausfrau, Mutter und Großmutter, obwohl sie das alles sehr liebte. Sie machte Reisen, die sie sich nie gegönnt hatte, setzte viele Dinge um, die sie sich vorher nicht getraut hatte. Auch die Beziehung zu ihrem Mann veränderte sich.

Wer will etwas über Treue sagen? Eine Affäre kann eine immense Befreiung, aber auch eine Suchtstruktur sein; natürliche Treue kann ein Segen, erzwungene Treue hingegen ein Gefängnis sein. Alles ist möglich. Für manche Menschen mag es stimmen, mehrere Partner gleichzeitig zu haben und alle ungeteilt zu lieben. Das Leben fügt es.

Manchmal aber führen Affären – anders als bei Erika, deren Ehe eine Art Frischzellen-Kur erfuhr – zu einer Trennung, besonders wenn sich Paare auseinander gelebt haben, die täglichen Streitereien unerträglich werden und die Basis marode ist. Die meisten Menschen können sich aus ihrer Beziehung nur lösen, indem sie auf ihren Partner wütend sind, ihn abwerten und verurteilen. Viele Trennungen sind deshalb mit Dramen verbunden, weil wir den Partner für die Trennung verantwortlich machen. Gefühle von tiefer Wut und Enttäuschung entladen sich. Wir schieben dem Partner die Schuld in die Schuhe, sei es für eine Affäre, Streitereien oder das Ende der Beziehung. Dabei ist niemand schuld. Was, wenn einfach nur eine gemeinsame Zeit zu Ende gegangen ist, die Schuldfrage sich nicht stellt und niemand versagt hat?

Wenn wir uns von der Schuldfrage lösen, nimmt manches Leid ein Ende. Das scheint einfacher gesagt als getan. Bedingt durch unsere Prägungen glauben wir, der Partner sei verantwortlich und habe versagt, wenn es zu einer Affäre oder zur Trennung kommt. Denn schließlich wollten wir ja bis ans Ende aller Zeit zusammen glücklich sein. Stimmt das alles wirklich? Oder machen wir uns damit das Leben unnötig schwer?

Es scheint auch immer so, als wäre es für denjenigen, der sich trennt, leichter. Dabei fällt es den meisten Menschen schwer, sich zu trennen. Manchmal geht eine jahrelange Entwicklung voraus, mit Phasen der Wut, der Hoffnung, des Zweifels, der Schuldgefühle. Sie fühlen sich für den Partner verantwortlich, wollen ihm keinen Schmerz zufügen oder haben Angst davor, schuldig zu sein, insbesondere, wenn Kinder mit im Spiel sind.

Trotzdem macht es keinen Sinn zu bleiben, wenn es tief drin in dir nicht mehr passt. Und selbst wenn dein Partner mit dir den Kampf sucht, kannst du in Frieden gehen. Das hängt von deiner Klarheit ab. Wenn du alles versucht hast, lass dich nicht aufhalten, auch nicht, falls ihr Kinder habt. Kinder scheinen eine Trennung oftmals zu erschweren, die Eltern würden ihnen das gerne ersparen. Ist es wirklich so wichtig für Kinder, dass ihre Eltern zusammenleben, wenn sie doch deren ständigen Streitereien und Kämpfen ausgesetzt sind? Eltern, die sich nicht trennen wollen, weil sie das ihren Kindern nicht zumuten möchten, vergessen manchmal, dass Kinder angespannte Situationen und Unwahrheiten genauso belasten. Sie übersehen darüber hinaus auch oft, dass die Kinder nur ein Vorwand sind für die eigene Angst vor Konsequenzen.

Annemarie, eine Mutter von sechs Kindern, trennte sich von ihrem Mann. Sie erkannte, dass sie ihn eigentlich nie wirklich geliebt, sondern aus anderen Motiven geheiratet hatte – aus Sympathie, dem Wunsch, finanziell abgesichert zu sein, und weil alle es von ihr erwarteten. Sie wollte niemanden enttäuschen, schätzte ihren Mann sehr und wusste, dass er sich immer um sie bemüht hatte. Doch sie selbst hatte sich sehr verändert, konnte sich nicht mehr in seiner Welt voller Konventionen und gesellschaftlicher Verpflichtungen bewegen, sie konnte sich nicht mehr anpassen und sein Leben mitleben. Die beiden fanden keine Gemeinsamkeiten mehr. Annemaries Umfeld redete auf sie ein: Sie solle doch wegen der Kinder bleiben, weil sie sonst großen Schaden nähmen. Außerdem würde ihr Mann ihr bestimmt das Leben zur Hölle machen, weil er sie noch so liebte. Sie selbst war sehr klar, empfand keine Wut und machte niemandem Vorwürfe. Sie war dankbar für die gemeinsame Zeit, die nun zu Ende ging, und trennte sich. Sein Stolz war verletzt. Er versuchte, mit ihr zu kämpfen und sie zu halten. Doch sie zeigte keine Resonanz. Letztendlich war die Trennung von Fügungen getragen. Obwohl er sich zunächst mit Händen und Füßen dagegen sträubte, fand er bald eine passende Frau. Annemarie lebte mit ihren Kindern lange ohne einen neuen Partner, was für sie gut war.

Hat dein Partner sich von dir getrennt und lebt jetzt mit jemand anderem? Verstehst du die Welt nicht mehr und hältst immer noch an eurer Beziehung fest? Auch wenn es vermutlich das Letzte ist, was du hören willst: Eure Trennung ist auch für dich das Beste, sonst würde es nicht geschehen. Dein Weg geht weiter. Nicht die Tatsache, dass eure Beziehung zu Ende ist, lässt dich leiden, sondern dass du an ihr festhältst. Wenn du weiter glaubst, dein Partner müsse zurückkommen und mit dir leben, gibst du dem Leben und einem neuen passenden Partner keine Chance. Ich kann deine Enttäuschung, deine Gefühle, dein Verhalten verstehen. Vielleicht gelingt es dir ja, dich zu öffnen und zu erkennen, dass dieser scheinbare Alptraum auch Geschenke für dich bereithält. Hör dem Leben zu. Es ist weise. Es rät dir, ohne diesen Menschen zu leben, auch wenn du selbst etwas anderes glaubst. Wenn du nicht leiden willst, wehrst du dich nicht dagegen und siehst die Möglichkeiten, die aus einer Trennung erwachsen, vielleicht sogar die unbewussten Aspekte in dir, die diese Trennung auch wollten.

Es ist eine Illusion, dass du verlassen worden bist. Wenn du dich verlassen fühlst, zurückgewiesen und nicht geliebt, frage dich, wo du dich selbst verlassen und abhängig von der Liebe deines

Partners gemacht hast. Du verhaftest in Illusionen und vergisst, wer du wirklich bist. Kümmere dich um dich. Wenn du dich verlassen fühlst, dann bist du beim anderen, dann hast du dich selbst verlassen und bist dir deines Seins nicht mehr bewusst. Fühlst du dich nicht ausreichend geliebt, hast du die Liebe in dir selbst vergessen. Was sagt das aus, ob dein Partner mit dir leben oder nicht leben will? Nichts. Es hat nichts damit zu tun, ob du geliebt bist oder nicht. Es sagt nichts über deinen Wert aus. Das ist alles nicht so persönlich, wie es dir erscheint. Wenn du es persönlich nimmst, bist du gekränkt. Wenn du dich aber in die Weite der Liebe fallen lässt, juckt dich das wenig. Wer dich liebt oder nicht, wird unbedeutend. Da ist und bleibt nur Liebe.

Streitereien – Spiele um Macht

Die Größe der Liebe geht in heftigen Auseinandersetzungen und Schuldzuweisungen unter. Manche Paare kämpfen ihr halbes Leben miteinander, weil sie glauben, ohne ständigen Streit würde einer sich aufgeben oder der Beziehung die Luft ausgehen. Wenn ich es genauer betrachte, leiden die meisten Menschen unter diesen ständigen Reibereien und Kämpfen. Ihre Liebe wird durch gegenseitige Erwartungen und durch Machtspiele überdeckt, die zu nichts als Erschöpfung führen.

In der Liebe zu ruhen beginnt damit, dich nicht ständig in solche Machtspiele zu verstricken. Selbst Menschen, die der Streitereien müde sind, fällt es schwer, aus diesen Spielen auszusteigen. Wir haben das Bewusstsein der Trennung mit der Muttermilch aufgenommen und damit gelernt, dass nur einer Recht hat, wir in einer Welt des Mangels leben und nicht genug Liebe für alle da ist. Daraus resultiert unbewusst das Gefühl, dass immer nur einer überleben kann. Wir glauben, stark sein und kämpfen zu müssen, um nicht unterzugehen. Aus Angst entwickeln wir uns zu Monstern und vergessen dabei unsere wahre Größe, die Liebe. Dabei teilen wir dieselbe Angst, dieselben Schmerzen, wenn wir miteinander kämpfen. Viele dieser Machtkämpfe enden im Streit. Andere spielen sich weniger sichtbar ab: Wir schweigen, sind kühl und distanziert oder behandeln den Partner, als wäre er Luft. Es gibt eine Menge versteckter Machtspiele, die meist viel schwerer wiegen als offene Konfrontationen. Auch bei einem

Streit kann Nähe stattfinden. In der Regel aber belasten ständige Auseinandersetzungen eure Beziehung. Ihr unterstützt euch nicht, sondern macht euch gegenseitig das Leben schwer. Keiner kann mehr die Gefühle des anderen nachvollziehen und bezieht das Verhalten seines Gegenübers auf sich selbst. Wenn ihr euch immer nur im Kreise dreht, bringt es nichts zu diskutieren. Das führt nur dazu, dass ihr beide erschöpft seid.

Hol alle Energie zurück zu dir. Dein Partner muss dich nicht verstehen und sich auch nicht verändern. Er ist für deine Gefühle und deinen Schmerz nicht verantwortlich. Übernimm selbst Verantwortung für deine Situation und handle. Ich glaube dir kein Wort, wenn du immer deinen Partner oder andere Gründe vorschiebst, warum du leidest und nichts an deiner Situation ändern kannst. Du bist nicht von deinem Partner und seinem Verhalten abhängig, sondern besitzt die Freiheit, bestimmte Spiele nicht mitzuspielen und auszusteigen. Wenn du das nicht kannst, ist das okay, aber mache nicht deinen Partner für dein Leiden verantwortlich. Deine Ängste und Abhängigkeitsstrukturen halten dich gefangen, dein Partner tut das nicht.

Erkenne zuallererst das Verhalten deines Partners an. Was, wenn er sich nicht ändert? Wenn du die Realität nicht akzeptierst, rennst du mit dem Kopf gegen die Wand. Betrachte deine Situation und eure Streitereien einmal ganz nüchtern. Woher weißt du überhaupt, dass es dir besser ginge, wenn er anders wäre? Du weißt es nicht, egal welche Argumente du vorbringst. Verneige dich vor dem Leben, vor deinem Partner, vor dem, was ist. Deine Vorstellung davon, wie dein Partner sein und wie er sich verhalten sollte, werden nicht erfüllt. Super. Du kannst viel über dich und deine Beschränkungen lernen, zum Beispiel, die Konfliktsituationen, in die du gerätst, aus einer anderen Perspektive zu betrachten oder Konsequenzen daraus ziehen. Es liegt in deiner Verantwortung, was du damit machst. Es ist jedoch absurd, deinen

Partner und das Leben in die Knie zwingen zu wollen. Du beißt dir nur die Zähne aus, weil du deinen Partner und auch das Leben nicht unter Kontrolle bringen kannst. Werde still, sei bereit zu lernen. Alles andere ist wirklich Zeitverschwendung und nicht intelligent. Wenn eine Situation dich stört, bist du frei, sie zu verändern. Wenn nicht, akzeptiere sie und spare dir die ewigen Streitereien. Dein Problem hat nichts mit deinem Partner zu tun. Magst du etwas nicht, dann tu es nicht, möchtest du nicht auf eine bestimmte Art behandelt werden, lass es nicht zu. Dein Partner kann sich verhalten, wie er will. Gib ihm dafür keine Schuld. Du brauchst das nicht mitzumachen, auch wenn du glaubst, etliche stichhaltige Argumente vorweisen zu können, warum das nicht möglich ist. Das Verhalten deines Partners zu akzeptieren heißt nicht, dass du alles hinnehmen musst. Es bedeutet aber, nicht unnötigerweise gegen die Realität anzurennen und dir dabei nichts als Schrammen zu holen. So veränderst du die Situation nämlich nicht. Du verfügst über alle Freiheit, selbst etwas zu ändern. Meistens brauchst du gar keine pauschale Lösung für dein Problem. Um grundlegende Veränderungen geht es eher selten. In jedem Moment kannst du aufs Neue das tun, was dir entspricht. Beklagst du dich hingegen ständig über deinen Partner, bleibst du in deinem Problem stecken. Nichts ändert sich. In Wahrheit ist da kein Problem. Du bist es, der eines haben will. Du liebst das Problem und den Kampf mehr, als in Frieden zu leben.

Guido und ich sind beide sehr friedliebend. Und das nicht, weil wir uns anpassen, sondern weil es von selbst so ist. Wir müssen uns selten arrangieren, oder Kompromisse schließen. Reibungspunkte gab es selten. In den Anfangsjahren unserer Beziehung provozierte ich unsere Streitereien. Guido war damals viel reifer und versöhnlicher als ich.

Als wir vor einer Reise Gepäck ins Auto einluden, stritten wir ein paar Mal. Ich fing schon an, die Koffer und Taschen schnell ins

Auto zu packen, während Guido sich erst einen Überblick verschaffen wollte, um die optimale Einladevariante zu ermitteln. Mir dauerte das einfach zu lang, und er war genervt von meiner wilden, unorganisierten Kofferraumpackerei. Da wir beide keinen Spaß am Streiten hatten, sprachen wir darüber, wie sich das anders lösen ließe. Wir vereinbarten, dass ich in Zukunft die Koffer packe und Guido sie einladen würde, ohne dass ich mich einmische. Ich konnte einfach nicht zuschauen, wie er vor den Koffern meditierte. Das machte mich wild. Deshalb blieb ich so lange im Haus bis er alle Koffer eingeladen hatte. Damit war das Problem gelöst. Schon nach einiger Zeit, nachdem ich zu mehr Ruhe gefunden hatte und mich die Langsamkeit nicht mehr so aufregte, war diese Regelung unnötig.

Ein weiterer Streitpunkt in früheren Zeiten war Guidos Vergesslichkeit. Wenn er wieder mal nicht daran gedacht hatte, eine Rechnung zu zahlen und ich die zweite Mahnung in der Hand hielt, platzte mir der Kragen. Oft sagte ich ihm, was er erledigen müsse, so als sei ich seine Sekretärin. Das nervte ihn natürlich. Auf der anderen Seite musste einer ja den scheinbar nichtigen Dingen, die zu übersehen manchmal sehr unbequem werden konnte, Beachtung schenken. Einige Male gab es darüber Streit. Seit vielen Jahren ist das kein Thema mehr. Ich vergesse viel häufiger selbst etwas, was mir früher nie passiert wäre. Ich verstehe ihn, bin ihm in manchem ähnlicher geworden. Wir haben einige Male schon darüber gelacht, wenn ich wieder mal sagte: „Sorry, habe ich vergessen, das habe ich von dir gelernt!" Guido antwortet dann gern: „Ausgerechnet das, hättest du nicht etwas Sinnvolleres von mir lernen können?"

Es war uns beiden immer wichtig, auftretende Streitpunkte genauer zu beleuchten, ohne aus einer Mücke einen Elefanten zu machen. Manchmal war es nötig, Veränderungen vorzunehmen, manchmal auch nur, sich auszutauschen und Verständnis für den Blickwinkel des anderen zu entwickeln. Je älter wir wurden, desto weniger konnten wir diese Spiele ernst nehmen. Manchmal müssen wir einfach nur lachen, manchmal sagt einer von uns beiden: „Lass uns doch mit dem Scheiß aufhören." Dann gehen wir zur Tagesordnung über.

Nach meinem Erwachen in dem Einen Bewusstsein im Jahr 2000 kam es jahrelang zu keinem einzigen Streit. Guido unternahm ein paar erfolglose Versuche. Die Kraft des Friedens und der Liebe in mir war so intensiv, sie floss einfach über und erstickte diese Versuche im Keim. Als wir vor einigen Jahren ein Haus kauften und mit dem jahrelangen Komplettumbau, der Sanierung und einigen Baustellen anderer Art ein enormes Pensum zu bewältigen hatten, kam es nach langer Zeit wieder zu Reibereien. Guido lud seinen Frust und seine Überforderung bei mir ab. Eine Weile war das für mich kein Problem. Ich fühlte den Druck, unter dem er stand, und konnte mitfühlen. Doch nach einiger Zeit ging mir das zu weit, und ich sagte ihm das. Keines der Gespräche mit ihm zeigte Wirkung. Auf einmal spürte ich, dass meine Geduld zu Ende war und ich keine Lust mehr hatte, mich schlecht behandeln zu lassen. Ich grenzte mich ab und achtete auf mich selbst. Das zeigte Wirkung, obwohl es gar nicht meine Absicht war, etwas bei Guido zu bewirken. Ich achtete einfach nur auf mich. Wie diese Spannungen aus heiterem Himmel angeflogen kamen, verschwanden sie auch wieder in der Tiefe der Liebe, als hätte es sie nie gegeben.

Das war schon eine besondere Zeit mit dem Hausumbau. Ich hatte die Situation völlig unterschätzt und mir viel zu viel aufgelastet. An manchen Tagen fürchtete ich, dass mir alles über den Kopf wachsen würde. Manchmal war so viel zu tun, dass ich nicht wusste, womit ich überhaupt anfangen sollte. Ich habe mich gehetzt und unter Druck gefühlt.

Als Ventil suchte ich Streit mit Barbara. Es ging dabei nie um ein konkretes Thema. Jede Kleinigkeit konnte ich als Anlass für eine Auseinandersetzung nutzen. Wo sonst das Miteinander im Vordergrund stand, suchte ich die Konfrontation, um meinem Frust Luft zu machen. Barbara fungierte als Blitzableiter. Es erstaunt mich wirklich, dass sie sich nicht von mir abgewendet hat. Denn ich habe ihr wirklich viel zugemutet. Anstatt mich den Ursachen für meine Überforderung zu stellen, wollte ich mir lieber kurzfristige Erleichterung verschaffen. Genau genommen habe ich mich nicht einmal besser gefühlt, wenn ich bei ihr Dampf abgelassen hatte. Ich drehte mich nur im Kreis. Wir haben einige Male über meine schwierige Situation gesprochen. Barbara verstand mich und wunderte sich, wie ich dieses Pensum überhaupt bewältigen konnte: ein anspruchsvoller Fulltime-Job und dann noch fast jeden Abend und jedes Wochenende bis tief in die Nacht am Haus werkeln. Im Laufe der Zeit wurden mir meine Themen bewusst, nicht zuletzt durch die Gespräche mit ihr. Trotzdem konnte ich mein Verhalten zunächst nicht ändern.

Bei aller Geduld und allem Verständnis für meine Reaktionen machte mir Barbara dann irgendwann klar, dass sie nicht ewig bereit sei, das mitzumachen. Ich hatte zwar gemerkt, dass es ihr ernst war, aber verdrängt, dass mein Verhalten Konsequenzen haben könnte. Als Barbara dann von einer beruflichen Reise zurückkam, war es soweit. Sie verhielt sich sehr ruhig und klar und hatte irgendwie Abstand von mir genommen. Mir wurde bewusst, dass ich sie verlieren würde, wenn ich mein Verhalten nicht änderte. Das habe ich nicht rational, sondern mit meinem ganzen Körper erfasst, und es zeigte sofort seine Wirkung. Mein Verhalten veränderte sich schlagartig. Denn meine Liebe und

Wertschätzung für sie waren niemals verschwunden, nur von meinen Stress- und Überforderungsgefühlen überlagert gewesen. Auf jeden Fall wurde ihre Distanz zu einer Art Initialzündung, um erneut zu spüren, was mir wirklich wichtig war. Ich konnte auf einmal wieder tiefe Liebe und Frieden empfinden und fühlte mich von einem Großteil der Lasten befreit. Auch wenn mein enormes Arbeitspensum sich noch lange nicht verringerte, habe ich meinen Frust nicht mehr an ihr abgeladen, sondern ihre Unterstützung angenommen. Das Miteinander erleichterte mir dann vieles. Der Zauber unserer Liebe war wieder zurückgekehrt, und mir kommt es vor, als sei er noch größer geworden.

In den über zwanzig Jahre unserer Beziehung war durch die Leichtigkeit unserer Liebe fast alles unproblematisch. Nach dieser herausfordernden Zeit nehme ich das jedoch nicht mehr als selbstverständlich. Mir wurde nochmals in vollem Ausmaß bewusst, wie ungewöhnlich und kostbar unsere Liebe ist, und dass ich sie nicht mit Füßen treten darf.

Abgesehen von dieser Zeit, haben Streitereien bei uns kaum eine Rolle gespielt. Uns ist beiden nicht so wichtig, Recht zu haben. Ich bin, wenn auch auf den ersten Eindruck nicht immer ersichtlich, relativ sensibel und habe von Kind an Streitereien als überflüssig empfunden. Selbst wenn jemand scheinbar als Sieger aus einer Auseinandersetzung hervorgeht, hat er nicht wirklich etwas gewonnen. Sind Barbara und ich unterschiedlicher Meinung, können wir das beide akzeptieren.

Oftmals geht es bei Streitereien nicht um das Thema, sondern um Stressabbau. Manchmal nimmt sich einer von beiden zu wichtig und verhält sich engstirnig. Wenn du dich um Nichtigkeiten streitest, nimm sie und auch dich nicht so ernst. Selbst bei grundlegenden Themen hilft ein Streit meist nichts, außer, dass sich die Fronten verhärten. Dann ist es sinnvoller, in einem ruhigen Moment mit deinem Partner zu sprechen, ohne Schuldzuweisungen zu machen, und gemeinsam mit ihm nach einer guten Lösung zu suchen. Manchen Paaren gelingt das aber nicht. Sie finden einfach keinen konstruktiven Nenner, um mit einem Konflikt umzugehen. Beide glauben, dass ihr Problem nicht zu lösen sei, wenn der andere nicht mitziehe oder sich stur stelle. Sie gehen davon aus, dass es zwei braucht, um Frieden zu finden. Das ist ein Irrtum. Du musst auf Provokationen deines Partners nicht antworten. „Stell dir vor, es ist Krieg und keiner geht hin" bedeutet für die Beziehung: Manches musst du nicht kommentieren, du musst auch nicht auf alles eine Antwort haben. Sucht dein Partner den Kampf und du bleibst friedvoll und gelassen, gibt es keinen Kampf. Ohne Resonanz, kein Streit. Es braucht nur einen einzigen Menschen, nämlich dich, um euren Kampf, diese schwierige Situation zu beenden. Das gilt für alle Probleme, die du mit deinem Partner hast. Steig aus. Die meisten Menschen glauben, dass es nur eine Lösung gibt, wenn beide einlenken und der andere auch „nachgibt". Einen Kampf zu beenden oder gar nicht erst aufzunehmen setzen viele Menschen mit „klein beigeben" gleich. Und weil sie auf keinen Fall verlieren wollen, kämpfen sie auch dann noch gnadenlos weiter, wenn sie schon verwundet sind. Wie Ulrike, die niemals einlenkt, wenn sie mit ihrem Mann streitet. Sie sagt, sie würde lieber sterben, als einen Fehler vor ihm einzugestehen. Sie hat Angst davor, ihr Gesicht zu verlieren. Das geht ihr sogar in Situationen so, in denen es um nichts Wichtiges geht. Dabei verhält sich ihr Mann sehr liebevoll und ist froh, wenn sie mal ihre weichere Seite zeigt, statt immer die Starke zu spielen. Ulrike hatte von Kind an Angst, vernichtet zu werden, sobald sie sich eine Blöße gibt.

Wir alle sind ein bisschen wie Ulrike. Obwohl erwachsen, bleiben wir in unüberprüften Kinderängsten hängen, sei es, verlassen zu werden, nicht genug geliebt zu sein, unseren Stolz zu verlieren oder peinlich zu wirken. Warum darfst du nicht manchmal klein, peinlich und blöd sein und etwas ausprobieren? Du musst nicht immer souverän und perfekt erscheinen. Ich liebe es, dass das mit Guido möglich ist. Das lässt uns oft sehr nah sein. Wie viel Nähe könnte entstehen, wenn du deine Masken und Schutzschilder fallen lässt und einen menschlichen Umgang mit deinem Partner schaffst. Nur dein scheinbares Ego will groß, perfekt, unantastbar sein. Das kann nie gelingen. Dein Körper ist vergänglich, deine Menschlichkeit immer antastbar.

Du versuchst vielleicht, unverletzlich zu wirken, und hoffst irrtümlicherweise, dass Perfektion, Macht und Stolz dir das Unzerstörbare, dein wahres Sein zurückbringen könnten. Der Kampf um Macht wie auch der Versuch, perfekt zu sein und keine Fehler zu machen, stehen in Wahrheit für die Suche nach dem Unantastbaren, dem Ewigen. Es ist dir in solchen Momenten nur nicht bewusst, dass dir, egal was geschieht, nichts wirklich passieren kann. Es ist also zwecklos, auf der vergänglichen Ebene nach dem Ewigen und Unzerstörbaren zu suchen, um dich unsterblich, unantastbar zu machen. Auf dieser Ebene bist und bleibst du menschlich. Die Ewigkeit, das Unantastbare eröffnet sich nur im Kern deines Seins – in deiner inneren Dimension – und ist nur eine Frage des Bewusstseins. Perfektionismus, Machtspiele und Sicherheitsdenken, all das hilft dir nicht wirklich. Es gibt immer eine Lücke, und sei gewiss, das Leben kennt sie und trifft dich. Erinnere dich an die Größe der Liebe, statt dich vergeblich um Perfektion, Schutz und Macht zu bemühen und in Kämpfe mit deinem Partner zu verwickeln. Du brauchst um nichts zu kämpfen. Was bringt das schon? Jeder versucht mit dem anderen mitzuhalten und seine Muskeln spielen zu lassen, aus Angst davor, ungeschützt zu sein. Beide verlieren. Wenn du der Kämpfe müde bist, steig aus.

Noch fällt es vielen Menschen schwer, ganz auf die Macht der Liebe zu vertrauen. Denn es gibt genügend Argumente, warum das unklug und gefährlich sein könnte. Immer noch überwiegt die Angst. Wir wünschen uns zwar eine liebevollere und bessere Welt, sind dabei aber oft mehr daran interessiert, Recht zu haben, als in Liebe zu sein. Alle unsere Streitigkeiten entstehen, weil der eine dem anderen seine Ansichten aufdrücken möchte. Will jemand Recht behalten, mag ich nicht diskutieren. Das führt zu nichts. Er kann weitermachen, aber ohne mich. Ich habe dazu einfach keine Lust. Unsere Gesellschaft ist geprägt von Angst und falschen Vorstellungen darüber, was es bedeutet, stark zu sein. Die Macht der Liebe, ihre Stärke, wird nach wie vor unterschätzt. Doch jeder, der sich besinnt und der Liebe alle Macht gibt, schafft Wandlung. Es lohnt sich, aus den Machtspielen auszusteigen. Wir sind alle menschlich und brauchen uns nicht zu bekämpfen. Es geht nicht darum, wer der Stärkste ist. Es ist menschlich, wenn du verunsichert, schüchtern oder nachgiebig bist und nicht weißt, was du willst. Selbst wenn andere das als Schwäche ansehen, kann dir das egal sein. Es gibt eine natürliche Stärke, die in der Kraft deines Seins liegt.

Wenn du mit deinem Partner streitest und recht behalten willst, schau dir deine Angst an. Willst du besser, stärker als dein Partner sein oder fühlst du dich von ihm angegriffen und bedroht? Wovor hast du Angst? Du darfst nackt, verletzlich und schwach sein. Gerade in der Menschlichkeit entfaltet sich die Liebe und dein Herz wird berührt. In Liebesbeziehungen bist du berührbar wie nirgendwo sonst. Da kommen Gefühle an die Oberfläche, die du nie vermutet hättest. Das beginnt schon beim Kennenlernen. Sogar sehr selbstsichere Menschen werden plötzlich schüchtern, trauen sich nicht, den Angebeteten anzusprechen, haben Angst davor abzublitzen, weil ihre Gefühle nicht erwidert werden. Lebst du dann schließlich in einer Beziehung, hast du Angst davor, verlassen zu werden, ungeschützt zu sein, die Kontrolle zu verlieren, unterdrückt zu werden, vielleicht verleugnest du auch deine Bedürfnisse oder versuchst, den anderen zu kontrollieren und zu dominieren.

Beziehungen gehen unter die Haut, sie werden deinem Ego gefährlich. Nicht umsonst kennt dein Partner deine Schwächen so gut wie kein anderer und weiß dich zu treffen oder zu manipulieren. Deine Angst glaubt, es ginge dabei ums Überleben. Aber geht es darum wirklich? Deinem Stolz, deiner Macht, deiner scheinbaren Stärke geht es an den Kragen. Aber du bist nicht dieses kleine Ich, das ums Überleben kämpfen muss. Deinem wahren Sein passiert nichts, niemals. Es ist unsterblich, es ist ewig. In den seltensten Fällen geht es wirklich ums Überleben deines Körpers. Die meiste Zeit spürst du nur eine unbegründete Angst, die nicht real, sondern eine Art emotionaler Film ist. Auch wenn du glaubst, ein kompliziertes Beziehungsproblem zu haben, lässt es sich meist auf ganz archaische, einfache Ängste und Bedürfnisse zurückführen. Besonders verstandesorientierte und spirituell geprägte Menschen finden jede Menge Erklärungen für Probleme und Konflikte. Ich glaube kein Wort davon, sondern spüre nur die einfache Sprache, die Gefühle und Glaubensmuster, die dahinter verborgen liegen.

In Seminaren mache ich mit den Teilnehmern eine sehr effektive Übung. Jedes Beziehungsproblem wird auf einen einzigen grundlegenden Satz gekürzt. Das Wesentliche kommt an die Oberfläche. Erstaunlich, was das auslöst: Es geht bei Partnerschaftsproblemen nicht wirklich um Argumente, Diskussionen, Sichtweisen, sondern um die Angst vor Macht- und Kontrollverlust. Die meisten Menschen fürchten sich davor, sich hinzugeben und sich dabei in der Liebe aufzulösen, ohne den anderen nicht überleben zu können oder sich für dessen Überleben verantwortlich zu fühlen. Viele meinen, vom Verhalten des Partners abhängig zu sein. Sie sind davon überzeugt, nur glücklich sein zu können, wenn er sich anders verhält.

Wenn dein Partner sich nicht so verhält, wie du es erwartest, leidest du. Solltest du dich von deinem Partner nicht ausreichend geachtet fühlen, erwarte nicht von ihm, was du selbst nicht tust. Achte dich selbst. Dazu brauchst du deinen Partner nicht. In der Tiefe gibt es niemals ein Problem. Nicht die Situation selbst oder das Verhalten deines Partners erzeugt Schmerz, sondern das mangelnde Bewusstsein deiner Vollständigkeit und deine Bewertung dessen, was passiert. Alles ist einfach nur eine Erfahrung, solange du sie nicht bewertest. Dann leidest du auch nicht. Und wenn du doch leidest, hast du die Möglichkeit, die Illusionen und Glaubenssätze, die dazu führten, genauer zu betrachten.

Dein Partner muss deine Erwartungen jedenfalls nicht erfüllen. Dazu ist er nicht da. Wenn er es gerne macht, warum nicht, aber wenn er das nicht will, ist das sein gutes Recht. Wir werden von Kind an gelehrt, dass uns etwas fehlt, und glauben dauernd, etwas zu brauchen, was wir noch nicht haben. Erzwinge nicht von deinem Partner, was er dir nach unzähligen Versuchen nicht geben will. Benötigst du das, was du von ihm zu brauchen scheinst, wirklich? Warum bekommst du es nicht? Weil du es in Wahrheit nicht brauchst, weil es viel unbedeutender ist, als du glaubst. Dein Partner gibt dir nicht das, was du von ihm erwartest? Das kommt vor. Sollte er es dir geben? Nein. Das Leben ist weise, es gibt dir immer genau das, was du brauchst, auch, indem es dir etwas vorenthält. Komm da an, wo du bist. Da ist alles. Im Laufe meines Lebens haben sich viele Wünsche und Erwartungen nicht erfüllt. Gott sei Dank. Mir wurde dabei bewusst, wie alle scheinbaren Probleme mit Guido oder anderen Menschen nur meinen inneren Filmen, meinen eigenen Beschränkungen entsprangen. Immer ging es darum, etwas von anderen zu erwarten, ihr Verhalten zu interpretieren und alles auf mich zu beziehen. Ich erkannte, wie unsinnig und vor allem wie schmerzhaft es ist, mich und andere verändern zu wollen, damit alles meinen Erwartungen entsprach. Wie viele Tode sind Guidos und meine

Erwartungen und Vorstellungen schon gestorben, das gilt auch für unseren Stolz. Das geht so lange, bis nichts mehr bleibt als pures Sein, reine Liebe. Es heißt nicht umsonst: Die Liebe ist stärker als der Tod. Die Liebe, die unser aller Sein ist, ist ewig, im Gegensatz zur vergänglichen oberflächlichen Liebe, die an Bedingungen knüpft. Nur Illusionen und Vorstellungen können sterben, die Liebe ist ewig.

Gibt es ein Problem in der Liebe, überprüfe deine Erwartungen. Wirfst du deinem Mann vor, dass er sich nicht oft genug um eure Kinder kümmert und dir gegenüber nicht aufmerksam genug ist? Verhält sich deine Frau, deine Freundin anders, als du es von ihr erwartest? Ist dein Partner schuldig, weil er deine Erwartungen nicht erfüllt? So viel Leiden wird durch deine Erwartungen erzeugt, wie dein Partner zu sein hat, ebenso wie durch die mangelnde Akzeptanz dessen, wie er ist. Woher weißt du, wie er sein sollte? Er ist einfach. Was, wenn er gar nicht das Problem ist, nicht sein Verhalten oder deine Gefühle, sondern das, was du darüber denkst und wie du es beurteilst. Wenn du an deinen Vorstellungen und Erwartungen festhältst, wirst du immer wieder enttäuscht sein. Niemand kann und wird auf Dauer deinen Erwartungen entsprechen. Außerdem wünschst du dir ja auch, dass dein Partner dich so liebt, wie du bist. Du hast selber keine Lust, seine Erwartungen zu erfüllen. Wenn du darauf wartest, dass sich deine Erwartungen erfüllen, kannst du darüber alt und grau werden. Du wirst starr und unflexibel, verschließt dich der Wirklichkeit und verschwendest damit nur deine Zeit und Energie. Gibst du dich stattdessen der Liebe hin, lösen sich deine Erwartungen und Bedingungen auf, und die Abhängigkeit deines Glücks vom Verhalten deines Partners schwindet: Du bist frei, verstrickst dich nicht und machst ihn vor allem nicht mehr für dein Glück verantwortlich. Auf manche Menschen wirkt das distanziert und egoistisch: Wo bleiben denn die Fürsorge und das Mitgefühl, wenn wir uns nicht für den anderen mitverantwortlich fühlen, fragen sie. Dieser Einwand ist berechtigt. Denn es geht natürlich nicht um Egoismus, Kälte und mangelndes Mitgefühl, sondern darum, sich aus unheilvollen Verstrickungen zu lösen. Natürlich können wir unseren Partner, wenn es ihm nicht gut geht, unterstützen. Wir können füreinander da sein. Das eine hat nichts mit dem anderen zu tun. Manche Paare stecken ständig ihr Revier ab. Jeder achtet nur darauf, dass er nicht zu kurz kommt, bis alles sich nur noch darum dreht, wer mehr geben müsste und wie der andere sein sollte, aber nicht ist. Verhält der Partner sich nicht so, wie erwartet, wird er für schuldig befunden. Dieses Spiel um Schuld, nie richtig und immer anders sein zu müssen, erzeugt so viel Schmerz. Was, wenn es keine Schuld gibt? Schuld ist nicht existent, obwohl sie den meisten Menschen im Bewusstsein der Trennung real erscheint. Letztens sagte eine Frau in einer Beratung zu mir, sie sei ein echtes Biest und habe große Schuldgefühle wegen ihres Jähzorns. Wenn sie im Streit mit ihrem Mann nicht mehr weiter wisse, würde sie manchmal sogar nach ihm schlagen. Dabei liebe sie ihn sehr. Sie schäme sich, weil sie selbst Therapeutin sei und ihr Verhalten gestört und unangemessen wäre.

Die Frage nach Schuld stellt sich mir auch in diesem Fall nicht. Ihr Mann ist ein erwachsener Mensch, hat alle Freiheit zu gehen oder sich zu wehren. Er liebt sie trotz ihrer Ausbrüche, obwohl er, genau wie sie selbst, darüber nicht erfreut ist. Ob es souverän ist, nach jemandem zu schlagen, darüber müssen wir nicht diskutieren. Meist liegt dem ein Gefühl von Ohnmacht, Hilflosigkeit und Angst zugrunde. Sich diesen Gefühlen zu stellen, sie auszuhalten anstatt zu schlagen, mag mehr Sinn machen, als sich oder dem anderen die Schuld zuzuweisen. Das nährt den Kreislauf nur. Aber wir alle bleiben bis zum letzten Atemzug menschlich. Manchmal wissen wir es einfach nicht besser. Selbst wenn wir es besser wissen, scheinen wir manchmal nicht aus unserer Haut zu können.

Manch einer mag sich, wie die Frau selbst, die Frage stellen, wie sie trotz eines solchen Verhaltens als Therapeutin arbeiten und anderen helfen kann. Warum nicht? Sie hat so viele Facetten und ist so viel mehr als ihre Jähzornausbrüche. Sie hat viel Mitgefühl und Liebe, ist sehr ehrlich und selbstkritisch. Wenn wir alle darauf warten, perfekt zu sein, dürfte wohl keiner irgendetwas tun. Dann dürften Guido und ich auch nicht dieses Buch schreiben. Unsere menschliche Unvollkommenheit ist vollkommen.

Sind wir alle schuldig, wenn wir menschlich reagieren und nicht immer gelassen bleiben? Ist dein Partner schuldig, weil er sich nicht so verhält, wie du es erwartest? Ist er schuldig, nur weil du vergessen hast, aus dir selbst heraus glücklich zu sein? Wenn wir uns nicht so verhalten, wie es richtig zu sein scheint, fühlen wir uns schuldig oder werden vom Partner als schuldig befunden. Und dasselbe machen wir mit ihm. Der Mann einer meiner Klientinnen brachte diese Dynamik in einem Streit mit ihr auf den Punkt: „Jetzt gib es doch endlich zu. Einer muss ja Schuld haben." Bei den beiden steht die Schuldfrage und damit auch das Spiel um Angriff und Verteidigung im Raum, sobald sich der andere nicht den Erwartungen entsprechend verhält. Beide sind in diesen Momenten unerbittlich, und Mitgefühl wird zu einem Fremdwort. Sie haben beide von Kind an erfahren, dass sie schuldig sind und dass hemmungslos zugestochen wird, sobald sie eine Schwäche zeigen. Heute klagen sie sich gegenseitig an. Obwohl sie sich sehr lieben, belasten ihre unrealistischen Ansprüche und die damit verbundene Schuldfrage ihre Beziehung sehr. Sie sind sich sehr ähnlich, verlangen von sich und dem anderen höchste Perfektion. Dabei können sie nur scheitern, weil niemand erfüllen kann, was sie sich selbst und dem Partner abverlangen. Kein Wunder, dass sie nicht ehrlich miteinander sind, sich ständig angreifen und verteidigen. Was haben sie getan, dessen sie schuldig wären? Da ist nichts.

Schuld existiert nur im dualen Bewusstsein. Im Bewusstsein der Einheit und der Liebe ist sie nicht existent. Schuld wurde zu einer scheinbaren Realität, weil unsere Gesellschaft überwiegend im dualen Bewusstsein verhaftet ist. Wir glauben, schuldig zu sein, sobald wir uns nicht perfekt verhalten. Ich habe mich früher schnell schuldig gefühlt und darunter sehr gelitten. Schritt für Schritt konnte ich mich von meinen Schuldgefühlen befreien, indem ich erkannte, dass in und hinter allem doch nur die Liebe steht.

Die Illusion von Schuld, das Spiel um Angriff und Verteidigung lässt viele Menschen unnötig leiden. Es gibt keine Schuld. Sie resultiert aus dem mangelnden Bewusstsein, dass alle Geschehnisse vollkommen sind. Die Liebe kennt keine Schuld, sie umarmt die Menschlichkeit, egal was du getan hast. Schuld ist das Ergebnis eines strengen unerbittlichen Verstandes, einer Spaltung, die dich übersehen lässt, dass Liebe wirklich allumfassend ist und nichts ausschließt. Der Quelle ist kein Fehler mit dir unterlaufen. Wie du bist, darfst du sein. Du bist kein von der Quelle getrenntes Ich. Es gibt keine losgelöste Schuld eines Ichs, einer Person. Da ist nichts. Du bist nicht schuldig. Du bist der Liebe würdig. Sie ist dein Sein. In einer Welt, in der Schuld Realität zu sein scheint, dürfen wir nicht wahrhaftig sein, da muss immer etwas unterdrückt, manipuliert oder unter den Tisch gekehrt werden. Ein unmenschlicher Kampf, der nichts als Leid produziert. Außerdem verschwindet das, was wir wegdrücken wollen, nicht so einfach.

Wofür gibst du dir oder deinem Partner die Schuld? Entsprecht ihr nicht deinen Erwartungen? Stell lieber deine Erwartungen, deine Bilder vom perfekten Menschen in Frage, statt dich und deinen Partner. Niemand ist auf dieser Welt, um diese Erwartungen zu erfüllen. Wofür gibt dein Partner dir die Schuld? Du musst dich nicht verteidigen und auch nicht erklären. Du bist nicht schuldig. Wenn das, was dir vorgeworfen wird, stimmt, gib es zu. Du brichst dir keinen Zacken aus der Krone. Wenn du dazu stehst, wie es ist, gibt es kein Problem.

Hast du das Gefühl, dass noch irgendeine Rechnung zwischen dir und deinem Partner offen ist? Wenn etwas nach Ausgleich verlangt, bereinige es. Es befreit, wenn du ehrlich mit dir bist und dein Leben aufräumst. Doch egal, wofür du dich oder deinen Partner beschuldigst, da ist nichts. Wenn du dich in die Weite der Liebe fallen lässt, spürst du, dass dein Partner nicht dein Feind ist, auch wenn du dich verletzt und nicht ausreichend geachtet fühlst. Er kann dem Wahren in dir nichts anhaben und will das in der Tiefe gar nicht. Sobald du dich als Opfer oder benachteiligt fühlst, vergisst du deine Kraft, dann gibst du deinem Partner eine Macht, die er nicht besitzt. Wenn es dir wegen eines anderen Menschen schlecht geht oder eine Situation dich betrübt, gibst du ihnen die Macht über dein Leben.

Am Anfang unser Beziehung war ich sehr erfinderisch darin, Guido das Gefühl zu geben, er sei schuldig, sobald er meine Erwartungen nicht erfüllte oder ich nicht glücklich war. Wenn ich mich verletzt fühlte, weil er sich nicht so verhalten hat, wie ich es mir vorstellte, versuchte ich, ihm diesen Schmerz zurückzugeben. Doch selbst damals wusste etwas in mir, dass Guido meinen Schmerz nicht erzeugte. Er entstand einzig durch meine Erwartungen, mein mangelndes Bewusstsein. Ich beobachtete mich bei diesem absurden Verhalten, konnte es aber nicht stoppen. Es schien wie eine Programmierung, wie ein Zwang zu sein, Guido dafür verantwortlich zu machen. Hatte ich mich abreagiert, tat mir das sehr leid. Ich sagte ihm, dass mein Verhalten total verrückt und unangemessen sei und nichts an ihm falsch wäre. Obwohl ich diese Spiele durchschaute, gab es keinen Knopf, auf den ich drücken konnte, um sie abzustellen. Eines Tages spielte sich wieder dasselbe ab. Mitten in einer Schuldzuweisung hörte ich eine innere Stimme: „Manchmal, Barbara, benimmst du dich wirklich wie ein Arschloch." Mit diesem Satz kehrte eine unheimliche Ruhe in mir ein. „Okay. Manchmal verhalte ich mich wie ein Arschloch, ich bin nicht besser als andere, niemals." Diese Ruhe war verbunden mit dem Gefühl: Ich bin auch das, was ich nicht sein will, ich bin alles und nichts. Ich muss nicht besser sein. Ich war dabei völlig emotionslos. Gut und Böse löste sich auf. Ich hatte keine Meinung mehr, war alles, fühlte nur Frieden und Eins-Sein. Danach hatte dieses Muster seinen Reiz verloren. Ich spürte, dass sogar in meinem Bemühen, ein guter Mensch zu sein, der Geist der Trennung liegt und dass das mehr Schmerz verursacht, als das Ungeliebte zu akzeptieren. Ich ließ den Widerstand gehen. Wobei das Ich den Widerstand nicht gehen ließ. Es geschah einfach. Das Ich besaß keine Macht mehr. Ich spürte, dass die Erlösung nicht darin lag, meine oder Guidos Verhaltensweisen im Kampf auszumerzen, sondern darin, sie zu akzeptieren, weil nichts einer persönlichen Macht unterliegt. Per „Zufall" löste sich durch diesen einfachen Satz, durch diese praktische Erkenntnis in Luft auf, womit ich lange kämpfte. Der Kampf mit mir brachte nichts. Nur die Liebe, die Akzeptanz des Ungeliebten, schaffte Frieden.

Ich habe mich sehr früh und sehr geballt mit dem Thema Schuld und der Dynamik von Opfer/Täter und deren Macht- und Ohnmachtspielen auseinandergesetzt. Solange bis ich erkannte, dass es auf einer tieferen Ebene, selbst in extremen Situationen, kein Opfer, keinen Täter und somit auch keine Schuld gibt. Mit achtzehn Jahren wurde ich zweimal vergewaltigt. Das eine Mal habe ich nur knapp überlebt. Ich war in Rom, in einer mir fremden Stadt, rannte ganz allein, heulend und mit zerrissenen Kleidern durch die Straßen, wusste nicht mehr, wo ich mich befand, ich hatte weder eine Freundin noch meine Familie in der Nähe, niemand konnte mir helfen. Ich war verzweifelt, auf der persönlichen Ebene ein entsetzlicher Überlebenskampf, Schreie, Erniedrigung.

Und doch gab es da etwas, dass nicht erniedrigt werden konnte, weil auf ewig unzerstörbar. Trotz aller Verzweiflung, die ich in dem entsetzlichen Drama empfand, war etwas still in mir. Unerklärlicherweise blieb kein Trauma. Es gab kein Opfer und keinen Täter mehr. Erfahrungen waren gemacht worden und vorbeigegangen.

Egal, ob du dich als Opfer oder Täter in deiner Beziehung fühlst, ob du den anderen erniedrigst, dominierst, unterdrückst, manipulierst oder dich selbst so behandelt fühlst – du bist letztendlich weder Opfer noch Täter. Du kommst keinen Schritt weiter, solange du irgendeinem von euch Schuld zuweist.

Manchmal fragen mich Menschen, was denn mit unschuldigen Kindern sei, die wären doch tatsächlich Opfer. Als Kind hat mich mein Vater in seiner Wut manchmal unkontrolliert verprügelt. Bis sein Ausbruch vorbei war, schien ich nirgends vor ihm sicher. Das war nicht lustig. Doch auch hier sehe ich meine Resonanz, ich war mehr als nur ein hilfloses Kind. Mein Bruder und meine Mutter wurden nie Ziel seiner Wutausbrüche. Ich erinnere mich genau, wie ich die Schwäche hinter seinen dominanten und jähzornigen Ausbrüchen fühlte und mich nicht wirklich unterordnen konnte. Ich hatte zwar Angst vor seiner Wut und dem körperlichen Schmerz, aber er konnte meine Seele, den Kern, nicht erreichen. Ich empfand eine unzerstörbare Stärke. Mein Vater fühlte sich mir gegenüber manchmal hilflos. Aber er war genauso wenig Opfer eines Kindes, das nur natürliche Stärke anerkannte, wie ich das Opfer meines Vaters. Wir ähnelten uns in vielem. Mein Vater war kein furchtbarer Mensch, der ein unentschuldbares Verhalten an den Tag legte. Er hatte seine Schwächen, aber auch viele Stärken. Ich habe so viel Wunderbares von ihm mitbekommen und durch ihn gelernt. Er war sehr ehrlich, intensiv und lebendig. Er war mir ein guter Spiegel und Lehrer. Wir fühlen mit den Opfern mit, aber nicht mit den Tätern. Ihr Verhalten entspringt derselben Hilflosigkeit und Angst, die auch das Opfer erfährt. Genauso neigen wir dazu, aufgrund eines bestimmten Verhaltens den gesamten Menschen zu verurteilen. Mein Vater war so vielfältig, hatte zahlreiche gute Eigenschaften und letztendlich war er einfach, wie er war. Ich kann ihn nicht beschreiben, nicht erfassen. Das wird ihm nicht gerecht.

Wir sind nun einmal mehr als nur schwarz und weiß, gut und böse. Wir kreieren unnötige Dramen, indem wir ständig spalten und urteilen. In unseren Urteilen sind wir radikal und unerbittlich. Doch nur die Güte, die der Weite deines Herzens entspringt, schafft Heilung. Deinen Partner zu verurteilen, erzeugt nur noch mehr Leid. Dasselbe gilt, wenn du dich selbst verurteilst. Du wirst hart und unversöhnlich. Daraus entsteht nur wieder das nächste unsinnige Verhalten, das nächste Drama. Kämpfen oder Schwächen ausmerzen bringt keinen Frieden, das vermag nur die Liebe, die größer ist als alles andere. Manche Menschen sagen dann: „Das geht doch nicht. Wenn wir uns nicht bemühen, gut zu sein, fällt alles auseinander." Ich weiß aus eigener Erfahrung und sehe überall, dass zu kämpfen immer neuen Druck und Schmerz erzeugt. Wenn du glücklich und frei bist, hast du von selbst keine Resonanz mehr, dich zu verstricken. Diskussionen um Schuld und Vorwürfe bringen jedenfalls nichts.

Von Anfang an hatte ich das Gefühl, dass Guido mich so liebt, wie ich bin. Er stellte selten Erwartungen an mich und machte mir keine Vorwürfe. Er kann und konnte sich schon immer nur an meinem Dasein erfreuen. Auch Machtkämpfe hatten wir so gut wie nie. In den vielen Bereichen, in denen Guido kompetenter ist, überlasse ich ihm gerne das Feld. In zahlreichen Kleinigkeiten des Lebens bin ich eher richtungweisend, während ich in Situationen, die unser Leben grundlegend veränderten, immer Guido folgte. Mehrmals habe ich alles hinter mir gelassen, bin mit ihm in schwierige Umstände gegangen. Es ist ein Geschenk, wenn jeder dem Fluss des Lebens frei folgen kann und in seine Größe hineinwächst. Die freie Entfaltung beider Partner steht sich nicht im Wege. Die Flügel können sich ausbreiten, jeder kann den anderen bereichern. Es hilft nicht, wenn wir uns gegenseitig klein halten und in Machtkämpfe verstricken.

Ich hatte immer das Gefühl, dass es niemandem diente, wenn Guido sich an entscheidenden Stellen zurücknähme, wenn er seinen Träumen nicht folgen könnte. In all den Jahren bekam jeder von uns die Möglichkeit, das, was ihm wichtig war, zu verwirklichen. In manchen Punkten, die für Guido von Bedeutung sind und für mich nicht, nehme ich mich gerne zurück, an anderen Stellen setze ich unmittelbar und geradlinig die Dinge um. Alles bewegt sich miteinander, es fließt ineinander. Ich bin Guido jedenfalls gerne gefolgt und habe mich dabei nie klein und unfrei gefühlt. Ich hatte auch nie das Gefühl, mich aufgegeben zu haben, auch wenn ich alles aufgab. Ich weiß nicht, was eine Beziehung ausgewogen macht. Es gibt eine eigene Weisheit und Ausgewogenheit, die in jeder Beziehung wirkt, die jedoch kein Gesetz kennt und keine Gerechtigkeits- und Selbstverwirklichungstheorien braucht.

> *An sich empfinde ich unser Zusammensein so sehr als ein gleichberechtigtes Miteinander, dass sich mir die Frage nach der Dominanz nie gestellt hat. Ich bin fasziniert, welche genialen Ergebnisse sich aus unserem Miteinander ergeben. Es ist, als würden sich unsere Fähigkeiten potenzieren. Für Außenstehende sieht es vielleicht so aus, als würde Barbara den Ton angeben. Sie ist einfach schneller als ich. Die Entscheidungen, wo wir leben, haben sich aber immer durch meine beruflichen und persönlichen Wünsche ergeben. Dass Barbara stets ohne Diskussion mit mir gegangen ist, mehrmals ihr ganzes Leben hinter sich gelassen hat, ist*

mir in vollem Ausmaß erst im Nachhinein bewusst geworden. Erst da erkannte ich, was das für sie bedeutet haben muss – denn sie hatte ihr gesamtes berufliches und privates Umfeld zurückgelassen und wieder bei Null angefangen. Ich habe mich immer gefragt, ob ich das jemals ausgleichen kann. Sie gab mir aber nie das Gefühl, dass ich das muss, und machte darum kein Aufheben. Sie kam mit und damit war es gut. Keine Vorhaltungen, keine Forderungen. Nichts. Das ist überhaupt nicht selbstverständlich und hat es mir leicht gemacht, meinen Weg zu gehen.

Auch wenn ich Guido scheinbar gefolgt bin, so folgte ich nur der Liebe, getragen von der Kraft, die größer ist, als ein scheinbares Ich. Guido sagte immer: „Wenn du das nicht willst, dir das zu viel abverlangt, machen wir das nicht." Auch ihm war die Liebe wichtiger. Und doch spürte ich, wohin der Strom floss, und dass es keinem von uns gedient hätte, wenn ich auf meiner Bequemlichkeit bestanden hätte. Ich habe das alles gerne gemacht. Ich hatte nicht das Gefühl, eine Entscheidung treffen zu müssen. Es gab für mich keine Wahl. Ich spürte, was der Fluss des Lebens will, und ging mit ihm.

Viele Menschen grübeln, welche Entscheidung die richtige ist und haben Angst davor, einen Fehler zu machen. Dabei fügt das Leben die Geschehnisse in einer absoluten Perfektion. Lass dich an die Hand nehmen, lass dich führen, selbst wenn es allen schlauen Überlegungen und Ratschlägen widerspricht. Ich habe in meinem Leben vieles gewagt, von dem mir abgeraten wurde, und es erwies sich als klug, dass ich mutig war. Egal, in welche Richtung das Leben fließt, du kannst nichts falsch machen. Über deinen inneren Frieden entscheiden nicht die Umstände, das tut nur deine innere Haltung. Wir glauben, das Richtige entscheiden und tun zu müssen, dabei hat ein Ich keine Macht und keine Kontrolle über das Leben. Das Leben wird mühelos, wenn der

Druck verschwindet, das Richtige tun zu müssen. Das geht aber nur, wenn du dich dem Größeren anvertraust. Schenk dich dem Leben. Spiel, probier aus. Wage. Niemand erwartet von dir, perfekt sein zu müssen. Wenn du die Kontrolle aufgibst, dich dem Fluss hingibst und alle Macht der Liebe gibst, in ihr aufgehst, bist du geborgen. Dann offenbart sie ihre Unendlichkeit, die Süße ihres Nektars. Dann brauchst du dich nicht abzusichern und auch nicht zu schützen. Wovor willst du dich schützen? Vor der Liebe? Da bist du zu Hause. Nur das kleine Ego glaubt, sich aus Angst schützen zu müssen; nur das große aufgeblähte Ego meint, sich stark präsentieren zu müssen und holt notfalls zum Angriff aus, um seine Unsicherheiten zu überspielen. Unterm Strich haben beide Angst. Der eine schrumpft nur, während der andere sich erhöht und aufbläht. So kämpfen dann die großen und kleinen Ichs miteinander, und das, obwohl viele Menschen das gar nicht wollen und sich eine bessere und liebevollere Welt wünschen. Sie sehnen sich nach vollkommener Liebe und einem friedvollen Miteinander, ohne Kampf ums Überleben.

Die Welt spiegelt aber nur den Mikrokosmos, unsere Beziehungen und unsere eigenen inneren Dynamiken wider. Und da sieht es oft genauso wenig friedlich aus, wie in der großen Welt. Wie soll die Welt friedlich sein, wenn wir ständig mit uns selbst und anderen kämpfen. Wir sind selber nicht besser. Wir können bei uns beginnen, indem wir die kleineren und größeren Kämpfe in unserem Leben beenden.

Wenn du dir mehr Liebe und Frieden in der Welt wünschst, sei selbst hier und jetzt in Liebe. Denn wenn du in der Liebe ruhst, interessieren dich diese Kämpfe und Machtspiele nicht mehr. Kein Anschluss unter dieser Nummer. Zentral ist, in Liebe zu sein, dich nicht in Machtspielen und persönlichen Rechthabereien zu verstricken. Wenn du mit der Welt ausgesöhnt bist, verwandeln sich auch deine Beziehungen.

Dich aus den Kämpfen zu befreien und der Macht der Liebe hinzugeben, ist wie ein Sprung in eine andere Dimension. Auch wenn du keine Beziehung hast und nach der großen Liebe suchst, geht es um diesen Sprung. Der gilt, egal ob wir in einer Beziehung leben, die große Liebe gefunden haben oder alleine sind – der Sprung in das Bewusstsein der Einen Großen Liebe. Das Bewusstsein einer Liebe, die keine Bedingungen kennt, ist die wahre, die große Liebe, nicht nur das, was wir normalerweise für die „große Liebe" halten.

Wenn du dich nach einer glücklichen Partnerschaft sehnst, fang hier und jetzt an. Öffne dich der Unendlichkeit der Liebe, auch unabhängig von einem Partner, von einem einzelnen Menschen.

Altlasten

In vielen Beziehungen hat die Größe der Liebe keine Chance sich zu entfalten, weil die Partner nicht wirklich frei sind. Entweder spielen alte Beziehungen, die Exfrau, der Exmann, eine unerfüllte Liebe oder Eltern und Freunde, denen sie sich verpflichtet fühlen, die erste Geige. Wie soll da eine Beziehung frei und unbekümmert sein?

Guidos Mutter konnte Guido schwer loslassen, wie es vielen Müttern mit ihren Söhnen geht. Obwohl ich sie von Anfang an sehr mochte, gestaltete sich unsere Beziehung schwierig. Manchmal flogen die Fetzen. Sie war nicht gewöhnt, dass ihr jemand die Stirn bot. Selbst bei unserer Hochzeit war sie noch davon überzeugt, dass ich die falsche Frau für Guido sei. Erst nachdem ich schon sieben Jahre mit Guido zusammen war, sagte sie zu mir: „Du weißt ja sicher auch, dass ich dich nie als Schwiegertochter wollte. Aber mein Wunsch ist, dass Guido glücklich ist und das ist er mit dir. Eure Liebe ist wirklich ungewöhnlich." Welche Größe sie da zeigte. Auch wenn ich ihre Zweifel von Anfang an gut verstehen konnte, wollte ich nicht, dass sie Einfluss auf unser Leben nahm, das in vielem nicht ihren Vorstellungen entsprach. Ich wollte mein eigenes Leben führen und nicht ihre Erwartungen erfüllen. Guido wollte das genauso wenig. Hätte er sich dauerhaft von ihr beeinflussen lassen, wäre unsere Beziehung für mich beendet gewesen. Unsere Liebe hätte keine Chance gehabt. Glücklicherweise waren wir beide wirklich frei: keine Altlasten, keine Menschen, die dazwischenfunkten oder unser Leben überschatteten. Es war, als hätten wir nur aufeinander gewartet. Die

Freude, uns wiedergefunden zu haben, war so groß. Alles andere trat in den Hintergrund.

Ich hatte nie das Gefühl, zwischen zwei Stühlen zu sitzen. Mir war immer klar, wo mein Platz ist: bei Barbara. Nur meine Eltern konnten und wollten das die ersten Jahre nicht akzeptieren. Sie sahen, dass ich mich sehr veränderte und waren nicht in der Lage, nachzuvollziehen, dass ich das, was ich mit Barbara lebte, schon immer in mir trug. Für mich war es eine Befreiung. Für meine Eltern schien es nur, als sei Barbara für alles verantwortlich. Sie bekam die ganze Ladung ab. Ich liebe meine Eltern, daran hat sich nie etwas geändert. Sie haben mir eine schöne Kindheit ermöglicht und eine Jugend, die nur von den üblichen Auseinandersetzungen zwischen Eltern und pubertierendem Teenager gekennzeichnet war. Ich war und bin immer dafür dankbar und trotzdem fühle ich mich ihnen nicht verpflichtet. Ich wollte mein Leben nicht so leben, wie sie es von mir erwarteten. Für mich gab es keinen anderen Weg. Ich wollte mein Leben mit Barbara verbringen, ohne Wenn und Aber. Ich ließ keinerlei Einmischung meiner Eltern zu. Das war zwar mit einigen Auseinandersetzungen verbunden, aber es hat sich immer gelohnt. Sie interpretierten mein Verhalten auf ihre Weise und oft anders, als es von mir gemeint war. Ich wollte sie nie verletzen. Und dennoch sah ich keine Veranlassung, auf das immer nette, unproblematische Verhalten meiner Kindheit und Jugend zurückzugreifen. Die Zeit war vorbei. Das hätte mir mit oder ohne Barbara ohnedies nicht mehr entsprochen.

Ich sprach plötzlich aus, was ich wirklich fühlte, und tat das, was ich wollte. Damit erfüllte ich ihre Erwartungen nicht mehr. Mit Anfang zwanzig konnte und wollte ich nicht mehr der nette Junge sein. Das lag ihrer Meinung nach nur an Barbara. Dass es sogar Barbara war, die mehrmals nach langer Funkstille zwischen uns, weil ich mich schon ganz von ihnen zurückgezogen hatte, den Kontakt wiederherstellte und einlenkte, merkten sie nicht. Mein Fokus lag immer klar auf unserer Liebe. Wir haben beide allen Einsatz gegeben, um unsere Beziehung unbelastet und frei leben zu können.

Viele Partnerschaften sind sehr belastet, weil sich die Partner nie wirklich von ihren Eltern gelöst haben. Manche fühlen eine so tiefe Übereinstimmung mit einem ihrer Elternteile, dass sie ihr Herz vergeben haben und ihr Partner nie gut genug ist. Andere fühlen sich dem Leben der Eltern verpflichtet oder haben Angst davor, deren Anerkennung und Liebe zu verlieren, wenn sie ihre eigenen Wege gehen. Außerdem scheuen sie mögliche Konflikte. Wem fühlst du dich verpflichtet? Deiner Mutter, deinem Vater, deinen Kindern? Sie sind alle vollständig, egal wie hilflos sie dir erscheinen. Auch hinter jedem scheinbar noch so kleinen, leidenden und abhängigen Ich verbirgt sich unerkannte Größe. Du kannst niemanden retten. Du bist ihnen nicht verpflichtet und nicht für ihr Glück verantwortlich. Du weißt nicht, warum jemand in sich gefangen ist und welchen Sinn sein Leiden hat, und kannst nicht die Last der Welt tragen. Sie ist für viel zu groß für dich. Du kannst weder einen Menschen, noch die ganze Welt retten, aber du kannst dich von deinem Leiden befreien. Wenn du das Gefühl hast, eine Last zu tragen, gib sie an die Weisheit des Größeren ab. Das Leben ist zu groß, als dass du es verstehen und kontrollieren könntest. Erkenne seine Weisheit und die Vollkommenheit aller Geschehnisse und Menschen. Überlasse dich und die Menschen, denen du dich verpflichtet fühlst, dieser Führung.

Dann wird es leicht, dann bleibt nichts, du lebst ohne Leiden und erinnerst andere absichtslos daran, dass das möglich ist. Du erinnerst sie an ihre wahre Größe. Wenn wir weiterhin den kleinen, gefangenen, leidenden Aspekten in uns zu viel Aufmerksamkeit und Glauben schenken, nähren wir sie und vergessen die Freiheit unseres wahren Seins. Trotzdem können wir einander helfen, Mitgefühl haben, uns gegenseitig unterstützen. Trotzdem können wir für unsere Eltern oder Kinder da sein. Aber das ist dann keine Bürde mehr. Du machst es gerne oder du lässt es einfach. Du kannst dich und den anderen frei sein lassen. Denn die Liebe ist frei, sie kennt keine Bürden und Verpflichtungen, sondern ist leicht und beschwingt. Und doch ist sie immer präsent und kommt ganz bodenständig daher. Wir helfen uns nicht, wenn wir uns in der Schwere und den Dramen bestätigen. Hast du das Gefühl, andere im Stich zu lassen, wenn du dich aus deinen emotionalen Abhängigkeiten und Verstrickungen befreist, so, als würdest du die Liebe verraten? Letztendlich geht es doch nur um deine eigene Angst, frei zu sein und dadurch die Liebe zu verlieren oder alleine zu sein. Trau dich, die Lasten alter Beziehungsabhängigkeiten hinter dir zu lassen. Hast du vielleicht Angst davor, zu leicht zu sein und den Bodenkontakt zu verlieren? Ich kenne all diese Ängste, ließ sie zu und durchschritt sie. Für einen kurzen Moment fühlte es sich an, als würde ich den Kontakt zu den Menschen und zu ihrer Liebe verlieren, so, als ginge es um Leben und Tod. Ich war bereit, diesen inneren Tod zu sterben. Nichts geschah. Ich fühlte mich einfach nur geborgen in der Liebe. Die Liebe zu den Menschen ging nicht verloren, nur war sie auf einmal nicht mehr gebunden, sondern frei. Viele Menschen haben Angst, sich aus Liebesabhängigkeiten zu befreien. Sebastian verlor sogar die Frau, die er liebte, weil er sich von seiner Mutter nicht lösen konnte. Seine Mutter war von Anfang an eifersüchtig darauf, dass Sebastian und seine Freundin sich so gut verstanden, ihr Zusammenleben sich so liebevoll und unbeschwert gestaltete.

Schon als er mit seiner Freundin zusammenzog, machte sie ihm eine Riesenszene. Sebastians Vater starb, als er drei Jahre alt war. Als einziger Sohn wuchs er allein mit seiner Mutter auf. Sie versuchte ständig, Sebastian und seine Freundin gegeneinander auszuspielen und Zwietracht zu säen. Als ihr das nicht gelang, drängte sie ihn dazu, sich von seiner Freundin zu trennen. Sie zog alle Register, setze ihre Herzkrankheit ein, machte ihm Schuldgefühle und Vorwürfe. Schließlich gab er dem massiven Druck der Mutter nach. Ihre Giftspritzen zeigten Wirkung. Er traute sich damals noch nicht, seine Mutter in die Schranken zu weisen und für seine Liebe einzutreten und trennte sich stattdessen schweren Herzens von seiner Partnerin, für die eine Welt zusammenbrach. Heute bereut er seine Unreife der früheren Jahre sehr. Nach einigen anderen kurzen Beziehungen wurde er sich immer bewusst, welch ein Geschenk diese Frau für ihn gewesen war. Anfangs hoffte er noch, dass er die Frau, die er liebte, durch andere Frauen vergessen könnte. Doch genau das Gegenteil war der Fall. Diese Frauen erkannten alle bereits nach kurzer Zeit, dass er nicht frei war und die andere Frau immer noch liebte. Seine große Liebe lebt inzwischen mit einem anderen Mann zusammen. Sie war unendlich enttäuscht, dass er nicht den Mut hatte, zu ihr zu stehen, und dass er – nach ihrem Empfinden – ihre Liebe verraten hatte. Bis jetzt hat sie all seine Versuche, sie zurückzuerobern, abgelehnt, obwohl sie auch nie aufhörte, ihn zu lieben.

Wenn dich die Liebe wirklich berührt, folge ihr. Kein Risiko ist so groß, dass es sich nicht lohnen würde. Mach es dir nicht bequem. Die Liebe ist nicht bequem. Sie fordert Klarheit, Einsatz, alles. Und doch ist Unterscheidungsgabe gefragt, wann und wo es sich lohnt, ob du nur einem Trugschluss, einer unerwiderten Liebe hinterläufst, etwas erzwingen willst und dir wehtust. Eine freie unbeschwerte Liebe in einer langjährigen Beziehung setzt als Ausgangsbasis von beiden ein klares Ja zueinander voraus. Natürlich gibt es viele Arten von Liebe. Selbst in Beziehungen, in denen die halbe Familie mitzureden hat und die Partner sich den ganzen Tag streiten, wirkt Liebe. Letztendlich ist hinter allem Liebe.

Doch es geht leichter. Viele Beziehungen sind deshalb schwierig, weil es schon an der Basis nicht stimmt. Die Hoffnung, dass sich das eine oder andere Problem in deiner Beziehung auswächst oder dein Partner sich ändert, erfüllt sich meist nicht. Auch Kinder können eure Beziehung nicht retten. Stimmt die Basis nicht, wackelt es überall, egal, was du darauf baust. Du kannst zwar die Oberfläche polieren, aber es ändert dennoch nichts. Die Freiheit, für die Guido und ich von Anfang an eingetreten sind, auch wenn es manchmal unbequem war, erleichterte uns letztendlich vieles. Unser Zusammensein war unbelastet. Wenn wir es allen recht machen wollen, erzeugen wir Unklarheit und Chaos. Es lohnt sich, deinem Herzen zu folgen, aufgeräumt und wahrhaftig in dem zu sein, was ist.

Heute gibt es immer mehr sogenannte Patchwork-Familien. Viele Menschen haben Kinder aus vorangegangenen Beziehungen oder sind geschieden. Sie fangen nicht unbedarft bei Null an. Das führt zu großen Spannungen, umso schwieriger, je größer die Ansprüche sind. Das Ziel, dass immer alles harmonisch ablaufen soll und sich alle immer lieben müssen, erzeugt nur Stress. Es lässt sich nicht immer vermeiden, dass ein Kind von der neuen Frau des Vaters nicht erbaut ist, sich nicht gerne etwas sagen lässt, sie vielleicht als Konkurrenz empfindet. Eine solche Situation kann durchaus Distanz erzeugen und spannungsgeladen sein. Vielleicht steckt die neue Frau der Ex-Frau gegenüber das Feld ab und beide sind nicht gerade freundschaftlich miteinander verbunden, auch das ist menschlich.

Oft gleichen sich die Probleme in Patchwork-Familien, auch wenn die Menschen und Umstände ganz unterschiedlich sind. Zwei Frauen, die mit geschiedenen Männern verheiratet sind, kamen unabhängig voneinander zu mir zur Beratung. Beide haben mit ihrem jetzigen Mann zwei Kinder. Das Kind aus der ersten Ehe der Männer lebte jeweils zeitweise bei der Exfrau und zeitweise mit der neuen Familie. Beide Frauen, obwohl von ihrem Charakter her extrem unterschiedlich, beschrieben dieselben Probleme. Das Kind aus erster Ehe würde sich von ihnen nichts sagen lassen und ihnen auf der Nase herumtanzen. Sie müssten sich anhören, dass sie nicht die Mutter seien und ihnen rein gar nichts zu sagen hätten. Die Männer würden ihr Kind in Schutz nehmen und alles durchgehen lassen, was sie ihren gemeinsamen Kindern nicht gewährten. Beide fühlten sich als die böse Stiefmutter, obwohl sie das gar nicht sein wollen. Beide verneinten auch den Vorwurf der Kinder, die neuen Geschwister mehr zu lieben und die Stiefkinder nur zu dulden. Beide Frauen sind sich bewusst, dass die Situation des Kindes nicht leicht ist und können dessen Verhalten verstehen. Trotzdem konnte ich nachvollziehen, auch wenn das beide abwiegelten, dass das Kind sich nicht von der neuen Frau angenommen fühlte. Ich spürte genauso, dass ihnen ihre eigenen Kinder näher waren. Das ist nicht schlimm, darin liegt keine Schuld, genauso wenig, dass diesem Kind die eigene Mutter und der Vater näher sind. Das mag bis auf einige Ausnahmen vielleicht auch in der Natur der Sache liegen. Egal wie, es ist, wie es ist.

Die Frauen fühlten sich jedenfalls von dem Stiefkind genauso wenig respektiert und akzeptiert. Sie konnten plötzlich erkennen, dass das Kind ähnlich fühlte, es aber möglicherweise um ein Vielfaches schwerer hatte als sie selbst. Auf einmal spürten beide echtes Mitgefühl. Beide fragten mich: „Und was jetzt? Wie kann ich das ändern? Ich muss das Kind einfach nur mehr lieben und annehmen, oder?“ Ich antwortete: „Nein, musst du nicht. Du hast doch gerade ungezwungen und frei Verbundenheit und Mitgefühl mit diesem Kind gefühlt. Das wirkt von selbst. Erzwinge nicht künstlich Liebe von dir und auch nicht von dem Kind.

Nichts ist falsch an dir, nichts an dem Kind. Lass euch frei. Die Situation mag manchmal eine Herausforderung sein, akzeptiere das. Vielleicht ist es aber auch nicht mehr. Respektiere, was von selbst ist. Der Rest wird sich zeigen."

Wer legt fest, wie es sein müsste? Zu hohe Ideale schaffen in einem solchen Fall mehr Probleme, als die Situation zu nehmen, wie sie ist. Auch wenn es an der Oberfläche Differenzen gibt, im Kern wirkt Liebe. Liebe bedeutet auch, das Trennende stehen zu lassen und sich der Einheit dahinter bewusst zu sein.

Mir hätte es damals nicht geholfen, mich zu zwingen, mit meiner Schwiegermutter ein gutes Verhältnis haben zu müssen, weil man das so hat. Das wäre nicht echt gewesen. Mein Gefühl war ein anderes. Mein Herz blieb immer für sie offen und doch ging es um Grenzen. Da ließ sich nichts anderes hervorzaubern. Das wäre unecht gewesen. Dass wir uns dann viele Jahre sehr nah waren, kam von selbst. Heute spüre ich wieder mehr Distanz. Vielleicht ist es morgen schon anders. Ich liebe sie, egal, wie es gerade ist.

Egal welche Altlasten und Prägungen dich zu behindern scheinen, es gibt keinen Grund, warum du nicht frei der Liebe folgen und in ihr ruhen kannst. Glaubst du, deine alten Wunden und Verletzungen hindern dich daran, dich in einer Partnerschaft ganz hinzugeben? Tun sie das wirklich? Oder braucht es vielleicht einfach nur ein wenig Geduld und Akzeptanz? Selbst die größten Wunden und Prägungen müssen nicht verschwinden und doch können sie die Liebe nicht aufhalten.

Auch ein steter Tropfen Liebe höhlt den Stein, wie bei Angelika, die eine sehr schwierige Ehe hinter sich hat. Ihr Mann betrog und belog sie laufend und ließ sie von heute auf morgen mit den Kindern allein, ohne einen Pfennig Geld. Sie kämpfte lange für ihren Unterhalt und den der Kinder. Um die Kinder hat ihr

Exmann sich nie gekümmert. Ihrer Mutter und Großmutter ist es genauso ergangen. Beide waren verbittert und haben Angelika von Kind an vor Männern gewarnt. Seit ein paar Jahren lebt sie mit einem liebevollen, zärtlichen und fürsorglichen Mann, der sie sehr liebt. Dennoch kann sie seine Nähe schlecht zulassen. Das zeigt sich besonders im Austausch von Zärtlichkeiten und in der Sexualität. Hinzu kommt, dass sie immer fürchtet, er könne sie verlassen, obwohl es keinen Grund dazu gibt. Sie hat Angst, dass sie diesen Mann, den ihre Kinder sofort liebten, mit ihrem schwierigen Verhalten aus dem Haus treibt. Sie wirft sich vor, ihre alten Wunden und Prägungen noch nicht überwunden zu haben. Weil sie sich viel mit dem Leben im Jetzt beschäftigt, ist sie der Meinung, dass die Vergangenheit sie nicht mehr einschränken dürfe. Auf diese Weise hat sie sich aus dem Leben im Jetzt eine Theorie gebastelt, die sie mehr behindert, als dass sie ihr helfen würde. Ihr Partner hat die Geduld mir ihr, die sie mit sich nicht aufbringt. Er sagt, er sei trotzdem gerne mit ihr und den Kindern zusammen. Ihre alten Wunden wären für ihn kein Hindernis, ihr Verhalten sei ihm bei ihren Erfahrungen verständlich. Er sei dankbar, dass sie sich ihm überhaupt schon ein wenig geöffnet und ihn in ihr Leben gelassen habe. Langsam spürt Angelika, dass ihre alten Wunden ihre Liebe nicht aufhalten können, und lässt sich mehr fallen. Selbst wenn sie ihre Ängste und Muster nie los wird, kann sie mit ihrem Freund und den Kindern glücklich leben. Sie braucht nicht mit ihren alten Prägungen zu kämpfen, ihr Widerstand gibt ihnen nur mehr Macht. Sich zum Ziel zu setzen, dass sie sich auflösen müssen, erzeugt nur Stress. Du kannst dich manchmal nicht auf Knopfdruck von deinen alten Mustern befreien. Musst du auch nicht. Selbst wenn du sie bis zum Ende deines Lebens nicht loswerden würdest, kannst du glücklich und frei sein. Wenn du diese alten Prägungen umarmst, werden sie unbedeutsam.

Wahrhaftig und ehrlich sein

Dieses Buch ist kein klassischer Beziehungsratgeber. Ich kann dir keine allgemeingültigen Ratschläge geben, wie du die große Liebe finden oder in einer bestehenden Partnerschaft leben kannst. Was in einem Moment für dich passend ist, braucht es im nächsten schon nicht mehr zu sein. Was für mich stimmt, muss für dich nicht so sein. Viele Menschen trauen sich gar nicht mehr, ihren natürlichen Impulsen zu folgen, sie nehmen sie nicht einmal mehr wahr, weil sie verinnerlicht haben, wie man sich in einer Situation zu fühlen und zu handeln hat. Was du bist, bist du. Was du fühlst, fühlst du. Und wenn es allen Konzepten und der Meinung von Millionen von Menschen widerspricht, wen kümmert das? In diesen natürlichen Impulsen liegt eine Weisheit, die all deine Verhaltenskodexe und Vorstellungen nicht einmal ansatzweise bieten können. Wie verhält man sich richtig in einer Partnerschaft? Wie sieht die perfekte sexuelle Beziehung aus? Wer hat die Autorität und die Macht, dir das sagen zu können? Niemand. Wahre Macht liegt in der Weisheit des Größeren. Alles andere sind nur Konstrukte und Bilder, die dein Verstand braucht, um sich eine Vorstellung von dir selbst, vom Leben und den richtigen Verhaltensweisen zu machen. Meist zieht dein Verstand seine Schlüsse aus einer einzigen Erfahrung. Er liebt es, sich an etwas zu klammern und dir eine Art Pseudosicherheit zu vermitteln. Dabei gibt es keine allgemeingültige Regel, keine Sicherheit. Vertrau dich der Führung, der inneren Wahrheit immer wieder aufs Neue an. Allgemeinen Anleitungen und Ratschlägen zu folgen bringt nichts. Es gibt keine allgemeingültige perfekte Beziehung. Jede Beziehung ist so individuell, wie die Menschen, die sie führen. Wir müssen keinen Regeln und Vorstellungen entsprechen. Und doch versuchen wir das von Kind an. Was du fühlst, denkst oder erfährst, durchläuft einen Bewertungsfilter. Wer sagt denn, was du zu fühlen und zu denken hast? In unserer Gesellschaft scheint Sex in einer glücklichen Beziehung eine wichtige Rolle zu spielen. Der sollte immer prickelnd und ekstatisch sein. Was, wenn du keine Lust auf Sex hast? Sollst du dann etwas erzeugen, was nicht ist?

In früheren Zeiten herrschte die vor allem durch die Kirche geprägte Vorstellung, Sex dürfe nur der Fortpflanzung dienen. Wer Spaß daran hatte, fühlte sich schuldig. Heute soll prickelnder Sex angeblich die Grundlage einer guten Beziehung und ein wichtiges Wohlfühlbarometer sein. Wer Sex nicht als bedeutend empfindet, glaubt schnell, dass etwas mit ihm nicht stimmt. Früher unterdrückten die Menschen ihre Sexualität oft oder lebten sie im Verborgenen aus; heute werden sie von Erotik überflutet. Es ist also alles relativ. Nichts davon ist wahr, obwohl wir das immer wieder glauben. Weder das, was du, was ich, noch was die Gesellschaft darüber sagt, wie eine glückliche Ehe oder Partnerschaft auszusehen habe, ist wahr. Die imaginären Welten hindern dich, wenn du an sie glaubst, einfach mit dem zu fließen, was ganz natürlich von selbst da ist. Es liegt eine Art göttliche Unschuld, eine Natürlichkeit in dir, die nichts mit deinen Vorstellungen über die Welt zu tun hat.

Die innere Wahrhaftigkeit ist unmittelbar und ungeschminkt. Wenn ich dir überhaupt einen Anhaltspunkt geben kann, dann, dich dieser Wahrhaftigkeit hinzugeben und dem ausgemachten Schwachsinn, aus allem ein Konzept, eine Regel zu machen, nicht zu folgen. Wir entwickeln – von den Medien geprägt – Bilder vom

Leben, die wir ungefiltert aufnehmen und denen sich zu entziehen selbst äußerst reflektierten Menschen schwer fällt. Das ist auch nicht nötig. Es wird nur schwierig, wenn wir uns an diesen Bildern messen und ihnen Macht geben. Momentan muss eine Frau rappeldürr sein, um als attraktiv zu gelten und Chancen auf dem Beziehungsmarkt zu haben. Früher galt weibliche Fülle als ein Zeichen von Attraktivität. Zu anderen Zeiten zwängten sie sich wiederum in Korsette. Eigentlich geschieht das noch immer. Heute sind unsere gedanklichen Vorstellungen und Konzepte – psychologische, therapeutische und spirituelle eingeschlossen – die Korsette.

Eine Familientherapeutin und Eheberaterin sagte vor einigen Jahren zu mir: „Manchmal wünschte ich, ich würde gar nicht so viel über die perfekte Beziehung, über eine gute Kommunikation und Streitkultur, über die Wichtigkeit von Sexualität und über Kindererziehung wissen, dann könnte ich viel unbefangener mit meinen Kindern und meinem Mann umgehen. Ich bin zu sehr von Konzepten geprägt und kann nicht mehr einfach unbeschwert sein."

Anstatt ganz natürlich das zu sein, was wir gerade sind, doktern wir immer an uns und anderen herum. Dabei existiert in dir eine Natürlichkeit, die weiser ist als jedes Wissen und dir oft jeder Vernunft widersprechend ihre Großartigkeit offenbart. Sei ehrlich in dem, was du bist und fühlst. Alles andere, was irgendwer dazu sagt und denkt, hat keine Bedeutung. Nicht einmal, was du selbst für richtig hältst. Natürlich können dich Bücher, Wissen, die Meinung anderer unterstützen, aber nur bis zu einem gewissen Punkt. Letztendlich liegt es bei dir, auf diese natürliche innere Wahrheit und Weisheit zu hören. Ich jedenfalls habe nichts Neues und Schlaues für dich, was du lernen musst. Ich verweise dich nur auf das, was bereits in dir ist, dein natürliches Sein. Ich verweise dich nur auf die Liebe.

So viele Menschen haben aber Angst vor der Liebe. Wenn du dich aus Angst vor der Liebe schützt, kann sie dich nicht berühren. Es bedarf dazu, wahrhaftig zu sein und dich zu erkennen zu geben. Dann fällt aller Schutz weg. Du bist verwundbar und doch sicherer, als wenn du dich schützt. In der Liebe bist du geborgen.

Die meisten Menschen wünschen sich von ganzem Herzen eine glückliche Partnerschaft. Genau betrachtet stimmt das nicht, weil sie, anders als sie glauben und äußern, nicht wirklich offen und bereit sind, sich der Liebe zu schenken. Weder in ihrem Inneren, noch in ihrem Handeln. Das macht gar nichts, ist auch nicht nötig. Nur bin ich nicht überrascht, wenn es mit der Liebe nicht klappt. Das Leben ist in sich weise und letztendlich logisch, jenseits des Verstandes. Bei vielen, die nicht den richtigen Partner finden oder in einer schwierigen Beziehung leben, ist eine glückliche Partnerschaft zwar ein oberflächlicher Wunsch, aber in der Tiefe sind sie dazu nicht bereit. Etwas anderes ist ihnen wichtiger: der Beruf, die Angst vor Verletzung, der Stolz, intellektuelle Konzepte, gesellschaftlicher Status oder Geld. Ihre Beziehungen gestalten sich schwierig, weil sie nicht die Freiheit spüren, eine wirklich freie Liebe zu leben. Sie bleiben in ihren Ängsten, Unsicherheiten und Vorstellungen gefangen und wollen nicht wirklich zum Kern strahlender Liebe vordringen. Wenn es in deiner Beziehung schwierig ist oder du nicht den geeigneten Partner findest, ist Ehrlichkeit gefragt, hinterfrag ganz realistisch, was wirklich Sache ist: Wovor hast du Angst? Was glaubst du, hält dich auf, dich der Liebe ganz hinzugeben? Wo siehst du deine Wünsche vom Leben nicht erfüllt? Welche Verletzung wirkt noch in dir? Wenn du es wirklich wissen willst, dann schau, was sich letztendlich hinter deiner Angst verbirgt. Stell dich der Wahrheit, die tief in dir wirkt. Egal, wie die Umstände deines Lebens sind, schau hin. Fühl, was du fühlst, und nicht, was du glaubst, fühlen zu müssen. Sei wahrhaftig, auch wenn es zunächst unbequem ist. Die Leichtigkeit des Seins entfaltet sich nicht, wenn du das

Unbequeme unter den Teppich kehrst. Das geschieht nur, indem du in Frieden mit allem bist. Fälschlicherweise wird die Leichtigkeit des Seins als Gegenpol zur Schwere gesehen. Als müsste alles, was den Anschein hat, unbequem zu sein, ausgemerzt werden. Das entspricht dem Bewusstsein der Trennung: Das Leichte ist das Gute, das Schwere das Schlechte. Weit gefehlt. Die Leichtigkeit des Seins umfasst beides. Sie ist das Gefäß, das beides beinhaltet: Leichtigkeit und Schwere. Was willst du loswerden, womit kämpfst und haderst du? Das Leben enthält dir nichts vor; nichts, was wirklich von Bedeutung wäre.

Manch einer hadert und versteht die Welt nicht mehr, weil sich der Wunsch nach einer glücklichen Beziehung oder danach, schlank und gesund zu sein, nicht erfüllt: Er oder sie wandert von Pontius zu Pilatus, probiert alles aus, aber nichts hilft. Wenn ich jemandem dann nach einer meist langen Odyssee sage, „Sei ehrlich und schau dir den Teil an, der es so will, wie es ist", wird der eine oder andere verständlicherweise ungehalten. „Ich tue doch alles. Ich will das so nicht. Ich will das loswerden. Ich habe alles versucht, aber es klappt einfach nicht." An der Oberfläche stimmt das, in der Tiefe jedoch nicht. Da ist ein Teil, der glaubt, doch besser allein zu sein, oder Angst hat, verwundet zu werden. Diese Aspekte werden abgespalten und verneint. Und dennoch haben sie ihre Macht. Komm erst einmal bei dem an, was ist. Wofür dient dir die Situation, obwohl du sie verabscheust?

Ich kenne eine Frau, die sich schon seit langer Zeit nichts sehnlicher als einen Partner wünschte, der Tatsache aber nie Beachtung geschenkt hatte, dass sie die Situation so haben wollte, wie sie war. Ihr fiel wie Schuppen von den Augen, dass sie nie wirklich frei war. Es gab gar keinen Platz für einen Partner, weil sie sich ihren Eltern verpflichtet fühlte und glaubte, sie nicht im Stich lassen zu dürfen. Außerdem hatte sie Angst davor, allein und unabhängig von ihren Eltern nicht klar zu kommen. Sie war nicht bereit für eine Partnerschaft, obwohl sie immer glaubte, nichts sehnlicher zu wollen. Auf einmal konnte sie Frieden damit schließen. Das Hadern mit dem Schicksal, das ihr angeblich den richtigen Mann vorenthielt, war beendet. Der Wunsch nach einem Partner blieb bestehen, aber der Druck, die Verzweiflung wich.

Wer kommt schon auf die Idee, die Realität anzunehmen, wie sie ist, wenn man sich etwas anderes wünscht. Das scheint absurd zu sein. Die Realität sagt, was ist. Ich liebe die Realität. Sie ist genial, weil sie sich nicht blenden lässt. Leg dich besser nicht mit ihr an. Kämpfe nicht gegen sie. Sie ist nicht dein Feind. Sie ist dein Freund. Hör ihr zu. Vielleicht bemerkst du ihre Geschenke, wenn du nicht mehr darauf fixierst bist zu glauben, dass es anders besser wäre. Dann erkennst du, wie weise und voller Liebe die Realität ist. Woher weißt du, dass du glücklicher mit einem Partner bist als allein? Du weißt es nicht wirklich. Wie viele Beziehungen sind das reinste Drama! Vielleicht ist es momentan für dich das Beste, allein zu leben und dein Glück nicht von einer Partnerschaft abhängig zu machen. Vielleicht sollst du wichtige Erfahrungen sammeln, die du mit einem Partner nicht machen würdest. Trotzdem brauchst du deinen Wunsch nach einer Partnerschaft nicht aufzugeben. Aber er kann an Macht verlieren, und deine Traurigkeit, dein Schmerz kann sich lösen. In dem, was du nicht willst, liegt oftmals mehr Segen, als du glaubst. Schließt du Frieden damit, wird es zumindest erträglicher. Nicht die Realität ist das Problem, sondern dein eingeschränkter Blickwinkel und deine Glaubensmuster sind es.

Allem liegt eine Perfektion, eine Weisheit zugrunde, ob du allein lebst oder mit einem Partner. Die Größe der Liebe kann dir nicht vorenthalten werden. Das geht nicht. Die Liebe ist unser aller Sein. Für niemanden gibt es davon mehr oder weniger. Nur durch das Gefühl von Mangel erscheint dir das anders. Das

Gefühl, vom Schicksal vergessen oder benachteiligt zu sein, löst bei vielen Menschen Hilflosigkeit, Wut oder Versagensängste aus. Bei Menschen, die sich unbedingt einen Partner wünschen, äußert sich das manchmal in der Wut auf Gott oder im Hadern mit dem Schicksal. Während Menschen, die in Beziehungen leben, ihre Enttäuschungen eher auf ihren Partner übertragen. Das Leben ist voller Liebe, auch wenn es dir nicht das gibt, was du dir wünschst. Es hat nicht deine Bequemlichkeiten im Sinn, sondern will dich lehren, wahrhaftig frei zu sein und in der Liebe zu ruhen. Du begreifst durch deinen eingeschränkten Blickwinkel nur nicht, dass dies das Beste für dich ist, bis es dir eines Tages wie Schuppen von den Augen fällt.

Das Leben tut uns nicht einfach etwas an, niemals. Kein Irrtum. Nur wir erkennen seine Größe nicht an. Die Weisheit in allem, was uns widerfährt, ist unermesslich. So ist es auch mit Liebesangelegenheiten. Hadere nicht mit dem, was ist. Enttarne lieber die Illusion deiner Gedanken und Erwartungen.

Viele Menschen leiden lieber, als glücklich zu sein. Zu leiden erscheint ihnen sicherer und vertrauter. Obwohl sie es sich wünschen, haben sie Angst davor, wirklich frei zu sein. Mir wurde diese Angst eines Tages bewusst. Als ich sie akzeptierte, entfaltete sich ein tiefer Frieden. Ich fühlte plötzlich, dass mir Glück und Liebe nicht vorenthalten wurden, sondern dass ich mich nur viel sicherer mit meinen vertrauten Mustern fühlte. Ich erkannte die Vollkommenheit, die selbst in meinem Gefangensein, in meiner Beschränkung lag. Mit der Zeit spürte ich, dass ich nichts zu befürchten habe, wenn ich mich in die grenzenlose Freiheit fallen lasse, ins grundlose Glück. Die Angst löste sich auf.

Gegen die Wirklichkeit zu arbeiten, wichtige Erfahrungen überspringen zu wollen, führt zu nichts. Meist werden wir wieder genau zu den Punkten geführt, die wir vermeiden und ausgrenzen wollen. Alles hat seine Zeit. Du musst nicht besser, souveräner und unabhängiger sein, als du bist. Wen interessiert dein Heiligenschein? Das Leben jedenfalls nicht. Das nimmt und will dich, wie du bist. Erlaube dir, so zu sein, wie du bist. Du brauchst dir und deinem Partner nichts vorzumachen. Sei ehrlich. Die Wahrheit befreit, auch wenn sie dir zunächst unbequem erscheint. Du kannst ihr nicht entkommen.

Im Gegensatz zu Barbara ist mir Ehrlichkeit immer schwer gefallen. Noch heute neige ich manchmal dazu, unangenehme Dinge unter den Tisch fallen zu lassen. Ich bin von meiner Familie gewohnt, Unangenehmes zu verschweigen. Bei uns war es üblich, Geheimnisse voreinander zu haben und einiges unter den Teppich zu kehren. Eine sogenannte „Notlüge" war ein probates Mittel, um Konfrontationen zu vermeiden und – vor allem – um nicht als peinlich und schwach dazustehen. Barbara stellte dieses System total auf den Kopf. Egal, wie sehr ich mich bemühte, etwas geheim zu halten, sie roch es schon, bevor ich es getan hatte. Es war einfach unmöglich, dieser Frau etwas zu verschweigen. Sie war so direkt, unverblümt und für mich erschreckend offen und ehrlich. Keine Chance mehr, mir und anderen etwas vorzumachen. Bei Barbara hatte ich vom ersten Moment an das Gefühl, irgendwie gläsern zu sein. Diese kleinen Lügen, diese manchmal verschwiegenen Details, die vorher fester Bestandteil meines Lebens waren, funktionierten auf einmal nicht mehr. Ehrlichkeit war angesagt. Nicht nur Barbara, sondern vor allem mir selbst gegenüber. Außerdem waren für sie die Dinge, die ich als schlecht und schwach empfand und deshalb zu verheimlichen versuchte, harmlos und nachvollziehbar. Auch wenn sie über meine kleinen Lügen nicht erfreut war, verurteilte sie das, anders als ich es gewohnt war, überhaupt nicht. Irgendwann spürte ich, wie befreiend es sich anfühlt, keine Geheimnisse und Lasten mit mir herumzuschleppen und das, was mich bewegt, anzusprechen. Am Anfang tat ich das nur, um Barbaras Vorstellungen von einer ehrlichen Partnerschaft zu entsprechen, die sie selbst aber in der Form gar nicht hatte. Bis ich merkte, dass einzig eine richtende Instanz in mir mein Verhalten verurteilte. Immer wenn ich diesem Urteil nicht glaubte, gab es plötzlich nichts mehr, wofür ich mich hätte schämen oder was ich hätte verstecken müssen. Obwohl es mich oftmals Überwindung kostete und manchmal einige Anläufe benötigte, lüftete ich meine Geheimnisse Schritt für Schritt. Wie befreiend das war, zu mir zu stehen. Ein Gefühl von Leichtigkeit, keine Sorge, eine der vielen kleinen Unwahrheiten könnte plötzlich entdeckt werden, keine Angst mehr, mich zu blamieren, denn das war mir plötzlich egal. Ich wurde leichter, unbelasteter und irgendwie fröhlicher.

Mit Barbara hörte ich auch auf, alles philosophisch, intellektuell und bequem von Außen anzusehen und persönlich unbeteiligt darüber zu diskutieren. Ich lernte, dass es einen großen Unterschied macht, über Dinge nur zu reden oder sie auch zu tun. Etwas zu tun, bedeutet für mich, etwas zu wagen und mich vom Leben nass machen zu lassen. Davor habe ich auch heute noch manchmal Angst.

Was Guido verschwieg, fand ich tatsächlich harmlos. Er hatte einfach extrem hohe moralische Ansprüche an sich. Mit sich selbst ging er so hart ins Gericht, mit mir gar nicht. Ehrlich zu sein, fiel mir immer relativ leicht, obwohl das nie mein Anspruch war. Meine Mutter sagte von Kind an zu mir: „Egal, was du verbrochen hast, egal, wie peinlich dir etwas ist, trau dich zu kommen. Es passiert nichts.“ Das war für mich eine große Hilfe. Manchmal sagte sie sogar: „Du bist wirklich schon zu ehrlich.“ Ich habe ein aufrichtiges Leben immer geschätzt, obwohl ich auch nicht immer ehrlich war. Es hätte mich aber belastet, unerledigte, versteckte und unter den Teppich gekehrte Geschichten mit mir rumzuschleppen. Ich wollte keine Lasten tragen, sondern befreit leben. Mein Vater war ein sehr ehrlicher, direkter, extrem unmittelbarer Mensch. Das war nicht immer bequem, manchmal unangenehm, aber ich habe das an ihm immer sehr gemocht. Jeder wusste, woran er bei ihm war.

Von Anfang an habe ich in unserer Beziehung Dinge, die mir damals sehr unangenehm waren, mit Guido geteilt. Das kostete mich manchmal Überwindung. Mitunter waren wir beide schonungslos. Selbst Aspekte, die wir vielleicht aus Feigheit voreinander verborgen halten wollten, kamen auf den Tisch. Das brachte, obwohl es den einen oder anderen kleinen Sturm auslöste, eine Intensität an Liebe und Nähe, an Mitgefühl und Verbundenheit, die mich überraschte. Es schenkte uns die Freiheit, zu sein, wie wir sind, nicht besser und nicht perfekter – nur menschlich.

Die Güte der Liebe ist größer als jede Angst, als Scham und Urteile. Alles andere sind nur Geschichten. Da bleibt nichts. Die Liebe kennt so etwas nicht. Sie beinhaltet alles. Sie ist. Sie ist menschlich. Alles löst sich in ihr auf. Was sein darf und was nicht, kümmert sie nicht. Was ist, ist. Darin liegt ihre Weisheit. Das Leben weiß das, ein Ich hingegen nicht, es verschwindet darin.

Verheimlichst du dir und deinem Partner etwas, weil du dich vor deinem eigenen Urteil, dem deines Partners und möglichen Konsequenzen fürchtest?

Das, was ist, ist. Indem du so tust, als wäre etwas nicht, verschwindet es nicht einfach. Es wirkt so oder so. Nicht das, was du oder dein Partner getan habt oder fühlt, ist das Problem, sondern nur, wie ihr es bewertet. Was verheimlichst du deinem Partner? Wozu stehst du nicht? Wann traust du dich nicht, wirklich ehrlich zu sein? Wann machst du dir selbst etwas vor?

Wie soll wirkliche Nähe stattfinden, wenn du nicht ehrlich bist, weil das, was du verheimlichst, zwischen euch steht? Versteckst du dich aus Schuld und Schamgefühlen? Oder versuchst du nur, Unannehmlichkeiten aus dem Weg zu gehen? Ihr könnt beide an der Wahrheit wachsen. Ihr könnt beide die Weite der Liebe erfahren, wenn ihr über die Bewertung hinauswachst. Befürchtest du, deine Beziehung könne zerbrechen, wenn du ehrlich bist? Wenn du das verhindern willst und die Wahrheit zurückhältst, musst du mit Kompromissen zurechtkommen, dann brauchst du dich nicht zu wundern, wenn ihr in unterschiedlichen Welten lebt. Wenn das so für dich passt, ist es prima. Wenn nicht, dann sprich die Wahrheit aus. Außerdem weißt du doch gar nicht, ob dein Partner so reagiert, wie du es erwartest. Die Liebe hält der Wahrheit stand. Und wenn deine Beziehung deswegen zu Ende geht, musst du dich nicht mehr verbiegen und das, was du nicht willst, krampfhaft aufrechterhalten. Entweder ihr bekommt eine Beziehungsverjüngungskur oder ihr erkennt, dass die Basis marode ist. Dann könnt ihr beide neu anfangen. Vieles, ja Unmögliches wird möglich, wenn die Liebe, die Basis, stark ist, wenn ihr alles gebt. Manchmal entdecken Paare, dass ihre Liebe viel stärker ist, als sie glaubten. Bei manchen hilft der Schonwaschgang nicht. Erst wenn die Beziehung auf Messers Schneide steht, kommen sie in Bewegung, werden wach und entdecken die Größe der Liebe. Ein Seminarteilnehmer sagte einmal zu mir: „Ich wäre niemals zu deinem Seminar gekommen, wenn ich nicht wüsste, dass ich mich bewegen muss, weil ich ansonsten meine Frau verliere. Mir bleibt nicht anderes übrig, als ehrlich mit mir zu sein. Ja, ich war so stur, so stolz, so unbeweglich und wusste immer alles besser. Manchmal habe ich tagelang nicht mit ihr gesprochen und war eingeschnappt. Ich habe sie oft nicht ernst genommen und meine Gefühle, meine Liebe vor ihr verborgen. Ich weiß nicht, wie sie so lange mit mir durchgehalten hat. Jetzt meint sie es wirklich ernst. Wenn ich nicht alles gebe, ist sie weg. Ich liebe sie. Sie hat Recht. So geht es mit mir nicht weiter. Ich will mich verändern." Das ist inzwischen sieben Jahre her. Die beiden sind immer noch zusammen, haben inzwischen Silberhochzeit gefeiert und sich neu entdeckt. Heute sagen sie, dass ihre Beziehung eine Tiefe und Schönheit besitzt, die es früher so nicht gab. Alles ist möglich. Räum auf, sei rückhaltlos ehrlich, egal was du fühlst, denkst oder getan hast. Es gibt niemanden, der dich richtet.

In manchen Situationen ist es vielleicht weise zu schweigen. Es macht auch keinen Sinn, anderen andauernd deine Wahrheit um die Ohren zu knallen. Das kann verletzend und sehr unangemessen sein. Manchmal ist Schweigen sprichwörtlich Gold wert. Das ist immer eine Frage der Situation und der Angemessenheit. Vertraue dich so, wie du bist, dem Leben und deinem Partner an. In der Liebe ist nichts falsch. Du brauchst deine Gefühle und Gedanken nicht zu verleugnen, du musst dich nicht verbiegen.

Hast du das Gefühl, über deine kleinen menschlichen Schwächen erhaben, immer zentriert und perfekt sein zu müssen? Verleugnest du dich, bist du unzufrieden, streng mit dir und deinem Partner? Musst du immer auf den Punkt sein? Warum darfst du nicht einmal herrlich menschlich unbewusst, ja sogar verstrickt sein? Auch dann passiert nichts. Sei ehrlich mit dir. Was erscheint, erscheint. Schau dir ins Gesicht, auch wenn du lügst. Manchmal lügen Menschen. Auch das ist kein Problem.

Wir lachen gerade: Guido fragt mich, wie viel Uhr es ist. Obwohl es 9 Uhr20 ist, sage ich ihm 9 Uhr 30. Er antwortet: „Du flunkerst. Es ist bestimmt noch nicht 9 Uhr 30. Du glaubst, dass ich wieder trödele und nicht früh genug fertig bin. Ich kenn doch deinen Trick." Soweit zum Thema: ich und ehrlich. Ich habe keinen Anspruch, immer ehrlich sein zu müssen, erfülle kein Konzept, keine Richtlinien, kein Dogma, bin einfach und habe Spaß. Wenn du irgendetwas in diesem Buch als Dogma verstehst, ist das ein Irrtum. Ich habe keines. Das Leben auch nicht.

Kinder – die Krönung der Liebe?

Guido und ich haben keine Kinder. Schon als wir uns kennenlernten, verspürte keiner von uns einen Kinderwunsch. Ich kenne weder den Wunsch, unbedingt ein Kind haben zu wollen, noch die Abneigung dagegen, als wären Kinder eine Strafe oder Plage. Ich habe nie verhütet. Auch in diesem Punkt hatte ich immer das Gefühl, es würde sich fügen, was sich fügen will.

Vor vielen Jahren wurde ich auf einer Taufe in Niederbayern gefragt: „Wie sieht es denn bei euch mit Kindern aus? Bist du noch nicht schwanger? Ihr seid doch schon so lange verheiratet."

Als ich diese Frage mit Nein beantwortete, drückte man mir Bedauern aus: „Oh, wie schade."

Ich antwortete: „Für mich ist das kein Problem."

„Ja, wollt ihr denn keine Kinder?" fragte mein Gesprächspartner überrascht.

Ich entgegnete, dass ich keinen Kinderwunsch spürte, mein Leben auch so sehr gut passte und ich nichts vermissen würde.

„Ja, ist dir dann dein Beruf etwa wichtiger?", kam als Gegenfrage.

Es lag in der Luft, dass das bedeutete, egoistisch, herzlos und karriereorientiert zu sein.

Die Runde, in der das Gespräch stattfand, reagierte auf einmal, als hätte ich kein Herz. Das berührte mich nicht. Es war mir egal, ob sie mich für herzlos hielten. Ich konnte sie verstehen. In ihrer Welt muss man Kinder haben und ihnen sein ganzes Leben schenken. Das ist okay. Mitte Zwanzig waren Kinder kurz ein Thema für mich. In der Familie meiner Mutter gibt es viele Kinder. Die Frauen lieben es, Mutter zu sein und gehen darin auf. Meine Mutter hat meinem Bruder und mir ihre ganze Liebe geschenkt.

Mein Leben hingegen war mit Guido und meinem beruflichen Engagement erfüllt, auch ohne Kinderwunsch. Damit sprengte ich das Frauenbild unserer Familie und hatte wieder einmal das altbekannte Gefühl, anders zu sein. Meine Mutter konnte trotz ihrer anfänglichen Enttäuschung schnell akzeptieren, dass mein Weg ein anderer ist. Und das, obwohl für sie selbst ein Leben ohne Kinder unvorstellbar war. Auch heute noch blüht sie im Zusammensein mit Kindern auf. Wenn ich sie mit ihren Enkeln, den Kindern meines Bruders, spielen sehe, verneige ich mich vor ihrer Geduld, ihrer Liebe und Güte und erfreue mich daran. Diese Art der Hingabe habe ich selten bei einem Menschen gesehen.

Auch wenn mein Bruder und ich ihre Werte und Lebensvorstellungen oft herausforderten und sprengten, ließ sie die Liebe zu uns diese Grenzen überwinden. Für diese Liebe, die sie mich durch ihr Sein lehrte und immer noch lehrt, bin ich ihr von Herzen dankbar.

Mütterliche, nährende, fürsorgliche Gefühle habe ich auch ohne Kinder schon immer gelebt, sei es in der Begegnung mit anderen Menschen, in meiner Arbeit, oder in unserer Beziehung. Meine Bücher und die vielen Projekte, die ich mache, empfinde ich manchmal auch wie eine Schwangerschaft und Geburt.

Ich kann nichts darüber sagen, ob Kinder die Krönung einer Liebe bedeuten. Auch nicht, wie eine Partnerschaft sich mit Kindern gestaltet. Wie auch, wenn ich nicht über eigene Erfahrungen verfüge. Ich weiß nur, dass ich nie etwas vermisst habe und unsere Liebe, die Liebe selbst, für mich die Krönung ist.

Ich habe auch nie einen Kinderwunsch verspürt. Meine spanische Freundin, mit der ich vor Barbara zusammen war, wollte unbedingt Kinder. Mir ging es da ganz anders. Trotzdem habe ich vor vielen Jahren auch einmal darüber nachgedacht, wie es wohl wäre, mit Barbara Kinder zu haben, wie sie wohl aussehen würden und was wir für Eltern wären. Ich habe mich gefragt, ob sie Barbaras freche Sommersprossen hätten. Und würden sich meine dunklen Haare oder Barbaras rote durchsetzen? Braune Augen hätten sie sowieso von uns beiden bekommen. Wären sie blau geworden, wäre etwas nicht mit rechten Dingen zugegangen. Ich hätte mir gut vorstellen können, mit Barbara Kinder zu haben, aber einen echten Wunsch danach habe ich nie gespürt. Das Leben hat entschieden und keine Kinder für uns vorgesehen. Das Geniale daran ist die intensive Zeit allein mit Barbara. Hätten wir Kinder bekommen, wären die Geschenke wohl anders geartet gewesen. Ich nehme das Leben diesbezüglich wie es ist und bin glücklich damit.

Kinder lassen sich nicht erzwingen. Wie viele Mühen nehmen manche Paare auf sich, um etwas Natürliches wie eine Schwangerschaft künstlich herbeizuführen. Bei einigen, die verzweifelt sind, weil sie keine Kinder bekommen, wird der Wunsch zur Fixierung. Es geht in Wahrheit nicht darum, ein Kind zu bekommen. Unzufriedenheit und Probleme in anderen Lebensbereichen liegen unter dieser Fixierung verborgen. Wenn du ein Kind erzwingen willst, willst du meist von anderen Baustellen ablenken.

Glaubst du, dass dein Leben ohne Kinder nicht vollständig sein kann? Deine Unzufriedenheit würde sich, wenn du schließlich ein Kind hast, wieder auf etwas anderes richten.

Gott sei Dank lässt sich die Natur nicht immer ins Handwerk pfuschen. Sollt ihr ein Kind bekommen, geschieht das. Und wenn nicht, eben nicht. Dann hat das Leben andere Geschenke für euch, die ihr nur nicht seht und nutzt, weil ihr verbissen an eurem Kinderwunsch festhaltet.

Dass auch ein Leben ohne Kinder erfüllt sein kann, konnte Patrizia sich auch nie vorstellen. Sie war sechs Mal schwanger und hat alle Ungeborenen in der Schwangerschaft verloren. Ihr ganzes Leben war nur noch darauf ausgerichtet, wieder ein Kind zu bekommen. Mit 46 Jahren kam sie verzweifelt zu mir. Sie mied den Kontakt zu Freunden und ihren Geschwistern, die Kinder hatten. Wenn sie hörte, dass jemand schwanger war, fing sie an zu weinen und spürte einen tiefen Neid. Dabei hatte sie wirklich alles: Einen Job als Staatsanwältin, der ihr Spaß machte, einen liebevollen Mann, einen guten finanziellen Hintergrund, Umstände, die sich viele Menschen wünschen würden.

Sie durfte, wenn auch sehr schmerzhaft, Demut lernen und erkennen, dass auch ihrer Kämpfernatur Grenzen gesetzt sind, dass sie nicht alles erkämpfen und durchsetzen kann. Manchmal kam sie mir in ihrer Wut vor wie ein Kind, das seinen Willen nicht bekommt, aber unbeirrt weiter darauf besteht. Sie legte sich ständig mit Gott an. Kämpfte wie wild, um ihn zu bezwingen und zu zeigen, wer der Stärkere ist. Diesen Kampf kann niemand gewinnen, das Größere lässt sich nicht kommandieren und manipulieren. Als ich sie in unserem ersten Gespräch fragte, was wäre, wenn sie diesen Kampf aufgeben würde, antwortete sie: „Niemals." Sie wäre nicht zu mir gekommen, um ihren Wunsch aufzugeben, sondern weil ich ihr helfen sollte, ihr Ziel zu erreichen und schwanger zu werden, ohne das Kind zu verlieren. Wie sollte ich das können? Das war auch nicht mein Ziel. Beim zweiten Gespräch weinte sie, als ich ihr sagte, wie anstrengend, wie schmerzhaft dieser Kampf sein und wie viel Kraft sie das kosten müsse. Der ganze Schmerz brach heraus. Es brauchte einige Zeit und viele Tränen, bis sie sich von der Vorstellung, nur mit Kindern glücklich leben zu können, lösen und ihre Situation akzeptieren konnte. Für viele Menschen, besonders in anderen Kulturen, ist ein erfülltes Leben ohne Kinder unvorstellbar.

Fakt ist aber, dass weder Kinder noch der perfekte Partner der Garant für ein glückliches und erfülltes Leben sind. Weder Kinder noch Partner sind dazu da, uns glücklich zu machen beziehungsweise unsere inneren Defizite, unseren inneren Mangel zu füllen. Wir können mit oder ohne Partner genauso glücklich sein wie mit oder ohne Kinder.

Die Liebe im erwachten Bewusstsein

Vor meinem Bewusstseinswandel zum Jahrtausendwechsel habe ich vieles sehr persönlich genommen. Ich fühlte mich bis dahin für das Glück anderer verantwortlich und habe sie verantwortlich für meins gemacht. Das verschwand plötzlich. Stattdessen ruhte ich unabhängig von allem nur noch in stillem Glück, war im Dasein selbst geborgen. In Wahrheit war niemals jemand für mein Glück verantwortlich. Und keiner konnte es mir je nehmen. Die Liebe war auf einmal von nichts mehr abhängig, sondern unpersönlich persönlich, losgelöst und frei.

Von diesem Moment an verspürte ich fast zwei Jahre lang kein sexuelles Verlangen mehr. Ich empfand ganz einfach weniger körperliche Anspannung, da war nichts mehr, was ausgeglichen und vereint werden wollte. Das Gefühl der Verschmelzung, der Zartheit der Liebe und des Vereint-Seins, das Guido und ich früher in dieser Intensität nur in der Sexualität erfuhren, war auf einmal ganz natürlich präsent. Jahre später blühte unsere Sexualität wieder von selbst auf. Jedoch nicht in der altbekannten Art und Weise. Sexualität hat nicht mehr die Bedeutung für mich, die sie früher hatte. Im Orgasmus spürte ich immer einen tiefen Frieden und totale Entspannung. Ich konnte Einheit mit mir und mit Guido erleben, Grenzen lösten sich auf. Heute ist dieser tiefe Frieden, das Eins-Sein, Alltagsbewusstsein. Es ist keine Ausnahmeerscheinung mehr, sondern einfach immer da und braucht deshalb die Sexualität nicht. Für mich bedeutete es kein Problem, ohne sexuelle Empfindungen zu leben, obwohl ich erst 33 Jahre alt und Sexualität vorher immer ein wichtiger Bestandteil meines Lebens war. Mir fehlte nichts, ich vermisste nichts, war einfach glücklich. Ich hatte nicht das Gefühl, dass sich unsere Beziehung deswegen auf dem Prüfstand befand, wir uns voneinander entfernt hätten und hatte auch nicht den Wunsch, Sexualität mit einem anderen Mann zu leben. Davon war ich Lichtjahre entfernt.

Es war für mich sehr überraschend, dass Barbara von heute auf morgen gar keine Lust mehr auf Sex hatte. Vor allem, weil das vorher ganz anders war. Anfangs habe ich mich zurückgewiesen gefühlt und mich selbst hinterfragt. Dass ein anderer Mann mit im Spiel sein könnte, diese Frage stellte sich nicht. Die Frage, die sich mir aber stellte, lautete, ob ich nicht einfach in „niedriger Triebhaftigkeit" gefangen war. Ich hatte auch Angst, ihr nicht mehr wichtig und attraktiv genug zu sein. Dabei bemerkte ich zunächst nicht, dass auch mein Bedürfnis nach Sexualität nachgelassen hatte und zu dem Zeitpunkt weniger ein wirkliches Bedürfnis als nur lustvolle Gewohnheit war.

Bald spürte ich, dass Barbaras sexueller Rückzug in keiner Weise ein Ausdruck dafür war, dass sie mich weniger liebte. Im Gegenteil: Wir waren uns sehr nah, auf eine andere, weniger körperliche Art und Weise. Darin lag für mich Glück. Trotzdem hätte ich damals manchmal gern Sex mit ihr gehabt. Ich fühlte mich von ihr auch körperlich angezogen, fand sie sexy, wollte sie intensiver anfassen, riechen, spüren. Vor einigen Jahren hat sich das dann plötzlich wieder geändert, und wir genießen auch wieder die körperliche Liebe.

Ich bin damals nicht auf die Idee gekommen, dass Guido sich deswegen eine andere Frau suchen könnte. Und selbst wenn, es wäre menschlich gewesen. Ich hätte das nicht aufhalten und mich auch nicht zum Sex zwingen können. Das Gefühl der Verschmelzung spürten wir von selbst, auch ohne sexuelle Vereinigung.

In den ersten Jahren nach dem Erwachen war ich getragen von einem Gefühl ständiger Glückseligkeit. Namen, Worte, Strukturen, Formen, alles so weit weg. Manchmal war Guido wie eine Art Brücke zur Welt der Form. Ich empfand mich völlig losgelöst, und doch ließ mich etwas neben ihm weiterleben. Ich sah diese unglaubliche Schönheit in seinem Sein, die wenigen Dinge, die mich vorher an ihm gestört hatten, wurden völlig unwichtig. Er war und ist, wie alles, vollkommen. Ich konnte mich gut in dieser Welt bewegen, sogar einfacher, präsenter, entspannter als je zuvor. Vom totalen Losgelöst-Sein habe ich mich später wieder mehr auf das menschliche Spiel eingelassen, ohne dass sich an der inneren Loslösung irgendetwas verändert hätte.

Viele Menschen denken, dass ein Mensch, wenn er ganz frei ist und nur dem Leben selbst gehört, beziehungslos wird, in der Luft schwebt, auf allen Hochzeiten tanzt, völlig enthemmt ist und ihn nichts mehr interessiert. Sie befürchten, alles zu verlieren, weil alles beliebig wird. Im Kern ist tatsächlich nichts für mich bedeutsam, ich bin losgelöst von den Geschehnissen und Erfahrungen, aber ich bin trotzdem mittendrin.

Auch die Liebe verschwand nicht nach dem Erwachen. Sie kennt keinen Anfang und kein Ende. Für mich ist sie nur nicht mehr greifbar, weil sie alles und gleichzeitig nichts beinhaltet. Sie lässt sich nicht mehr packen, weil sie immer ist und kein Gegenteil mehr kennt. Da passt nicht einmal mehr das Wort Liebe. Und trotzdem spreche ich von der großen Liebe, die ich unpersönlicher empfinde, als es hier erscheinen mag, trotzdem bin ich einigen Menschen besonders nah: Guido, meinem Bruder, meiner Mutter und Freundinnen. Einige Freundschaften gingen allerdings zu Ende.

Mit Guido war das zunächst einfacher, weil er die Größe der Liebe sah. Er konnte wahrnehmen, dass die Liebe, auch wenn ich manche Spiele nicht mehr bediente und die Erwartungen nicht mehr erfüllte, nicht verloren ging. Ich liebte es nach wie vor, mit ihm zu sein, war greifbar und konkret in unserer Beziehung, und doch war ich ab diesem Zeitpunkt frei. Eigentlich hat sich im alltäglichen Zusammensein nicht viel verändert.

Ich fühlte damals zum ersten Mal, worauf die Enthaltsamkeit von Priestern und Nonnen ursprünglich gegründet sein konnte. Ich war so erfüllt in der großen Liebe, im Dasein an sich, dass ich einen Moment lang den mir früher unvorstellbaren Impuls hatte, allein und ohne persönliche Bindungen – ohne Guido und ohne Freundinnen – zu leben, um mich ganz den Menschen und ihrer Bewusstwerdung zur Verfügung zu stellen. Doch das Leben wollte nicht diesen Lauf nehmen. Mein Platz ist bis jetzt an Guidos Seite, wo ich im Unpersönlichen ruhend scheinbar persönliche Beziehungen lebe.

Im Kern nehme ich Beziehungen aber nicht persönlich, ja nicht einmal als Beziehungen und Liebe nicht als Liebe wahr. In einem Urlaub, den ich mit Guido auf Sardinien verbrachte, spürte ich das besonders deutlich. Ich wachte morgens auf und nahm nur noch wahr, dass da jemand liegt, ein Körper neben einem Körper. Es gab keinen Bezug zu Guido, kein Gefühl zu Barbara, nichts. Dabei war nichts vorgefallen. Ich spürte wieder eine extreme Bezugslosigkeit, ein reines und losgelöstes Dasein, das in allem ist. Früher hätte ich gedacht, dass ich doch etwas für Guido empfinden muss und mein Gefühl in die Richtung gepuscht, wie es meiner Vorstellung von Liebe gemäß hätte sein müssen. Da war aber nichts. Wer sollte da sein? Ich, Guido, eine Beziehung? Alles war so unpersönlich. Ein gemeinsames Leben?

Nichts. Doch in mir blieb es ganz ruhig. Da war nichts, nur absolute Neutralität. Die große Liebe? Was ist das? Guido, meine große Liebe? Es gab kein Ich, kein Du, keine große Liebe, keine Anziehung. Nichts. Nichts war. Nichts ist. Nichts bleibt. Daran hat sich bis heute auch nichts geändert. Und doch bewege ich mich meistens in dieser Welt, als würde ich sie wie viele andere für wirklich halten. So fällt das nicht einmal auf, auch nicht meinen Freundinnen oder meiner Familie. Ich spüre keine wirkliche Bindung mehr, im Sinne von brauchen. Ich bin mit den Menschen in dem Moment. Sollte das morgen nicht mehr so sein, ist das okay. Alles geschieht in Freiheit. Ich kann die Erwartungen, die manche Menschen haben, nicht erfüllen. Da fehlt nichts, trotzdem sind Menschen und der Austausch mit ihnen für mich ein Geschenk und eine große Freude. Ich liebe sie, erfreue mich an ihnen und bin für ihre Bereicherung unendlich dankbar. Nur suche ich die Erfüllung nicht mehr bei ihnen. Dieses Brauchen, das bei uns mit Liebe gleichgesetzt wird, kann ich nicht erfüllen. Die Schwelle ist übertreten. Da gibt es kein Zurück. Das geht auch mit Guido nicht mehr. Trotzdem bin mit ihm ganz nah, sehr verbunden und, wie er es manchmal formuliert, eine treue, verlässliche Seele, die in der Liebe beständig, aber ansonsten immer für eine Überraschung gut ist.

Das Ich will Bedeutung haben, indem es vom Partner gebraucht wird und sich damit wichtig fühlt. Es scheint ein Zeichen von Liebe zu sein, wenn wir jemanden brauchen. Je mehr wir ihn benötigen, desto größer scheint die Liebe. Das ist manchmal wohl eher ein Zeichen von Abhängigkeit. Eine Teilnehmerin eines Ferienseminars sagte einmal verwundert: „Ich vermisse meinen Mann überhaupt nicht. Wenn er das wüsste, wäre er total gekränkt. Ich verstehe das nicht. Ich liebe ihn. Ich müsste ihn doch vermissen, mich nach ihm sehnen, ihn mehr brauchen. Liebe ich ihn vielleicht doch nicht genug? Liebe ich ihn überhaupt?“

Früher habe ich Guido oft vermisst, wenn ich unterwegs war. In den ersten Tagen fühlte sich das manchmal sogar so an, als fehle mir ein Körperteil. Als Kind habe ich nicht verstanden, dass wir Menschen getrennte Körper haben. Eigentlich suchte ich von klein auf die Verschmelzung. Ich hatte immer das Gefühl, dass alles ineinander fließt, dass es keine Grenzen gibt. Es war, als würde ich eine Dimension kennen, in der das Sein formlos ist beziehungsweise alle Formen annehmen bzw. auflösen kann. Ich verstand die Welt nicht und wollte nicht begreifen, dass das nicht möglich ist. Ein Nein oder Grenzen erschreckten mich manchmal, erschienen mir wie eine Zurückweisung. Ich versuchte krampfhaft, die Einheit herzustellen, erkannte jedoch erst später, dass sie immer in und hinter allem ist. Erst einmal wollte ich all diese Gesetzmäßigkeiten, die Form, die Gegensätze, getrennte Körper, nicht akzeptieren. Dazu brauchte ich Zeit, um zu akzeptieren, dass wir hier auf Erden in einer anderen Dimension leben. Ich brauchte Zeit, um zu erkennen, dass Distanz, getrennte Leben und ein Nein nicht das Ende von Liebe, von Einheit bedeuten.

In all den Jahren konnte ich beobachten, wie viele Menschen unbewusst in Beziehungsabhängigkeiten doch nur die Einheit suchen. Sie haben Angst davor, allein ins Leben zu springen. Sie haben, wie ich einst, Angst davor, Liebe zu verlieren, wenn sie sich aus den Abhängigkeiten lösen. Liebe geht nie verloren. Liebe ist. In der Symbiose und in Beziehungsabhängigkeiten die Einheit zu suchen, bringt meist nur Probleme. Einerseits scheinen uns diese symbiotischen Abhängigkeiten Sicherheit und Liebe zu geben, andererseits machen sie uns unfrei. Außerdem gibt es immer eine schmerzhafte Lücke. Der Preis ist: nie ganz du selbst sein zu können, weil du dich für das Wohlergehen des anderen verbiegen musst. Das funktioniert einfach nicht. Das ist ein Kreislauf voller Erwartungen und Verstrickungen.

In symbiotischen Beziehungen scheint ein Nein gleichbedeutend damit zu sein, den anderen nicht mehr zu lieben. Dabei umfasst die Liebe das Ja wie das Nein. Sie bleibt davon unberührt. In unserer Gesellschaft bedeutet Liebe in der Regel, dass andere uns bestätigen. Ist dem nicht so, wird das als mangelnde Liebe ausgelegt. Dabei ist die Liebe viel freier. Selbst die, die dich zu hassen scheinen, lieben dich. Alles ist Liebe, nichts und niemand fällt aus ihr heraus. Letztendlich ist Liebe viel neutraler und unpersönlicher als das, wofür wir sie oft halten, auch wenn sie sich sehr persönlich ausdrücken kann.

Das war damals schon ein Einschnitt in meinem Leben. Plötzlich hatte ich das Gefühl, Barbara sei losgelöst von mir und von der Welt um sie herum. Früher hatten Menschen und Geschehnisse noch in der Form Einfluss auf ihr Leben, dass sie ihre Gefühle und ihr Wohlempfinden beeinflussen konnten. Und auf einmal empfand ich sie wie ein Gefäß, durch das all das durchfließt, ohne in der Tiefe Spuren zu hinterlassen. Ich habe seitdem nicht erlebt, dass irgendetwas sie aus der Bahn wirft, ja nicht einmal im Ansatz wirklich beunruhigt. Egal, ob ihre Glaubwürdigkeit in Frage gestellt, sie geringschätzig behandelt oder total in den Himmel gehoben wurde, sie blieb und bleibt von all dem unbeeindruckt und unbeirrt. Für mich ist es immer noch ein Rätsel, selbst nach über zehn Jahren, wie jemand so sehr in sich ruhen kann. Trotzdem ist sie nicht gleichgültig und abgehoben. Die Dinge des Lebens erledigt sie mit einer Geradlinigkeit, in der sie sich nicht stören oder beirren lässt. Wenn etwas getan werden muss, wird es getan. Für mich ist das manchmal unvorstellbar, wenn ich daran denke, wie ich auf ähnliche, manchmal nicht annähernd so schwierige Situationen reagiere und mich ärgere oder mit mir und anderen hadere. Bei Barbara ist alles leicht und einfach. So, wie sie die Dinge sieht, kommt man nicht auf die Idee, irgendetwas in dieser Welt, egal wie schlimm, könnte ein Problem darstellen, obwohl sie immer auch die Schattenseiten des Lebens im Blick behält. Das ist weniger Zweckoptimismus als eine tiefe innere Gelassenheit. Manchmal wird sie aufgrund ihrer unbekümmerten, kindlich unschuldigen Art völlig unterschätzt. Man mag einfach nicht glauben, dass Weisheit und inneres Verstehen so einfach, ohne viele Erklärung, mit einem schelmischen Lachen gelebt werden kann. Unsere Vorstellungen eines weisen Menschen gehen eher in Richtung eines älteren Menschen, der Autorität und Ruhe ausstrahlt und dessen Weisheit durch seine getragene bedächtige Sprache und Bewegung quasi vornweg eilt. Wenn man dann Barbara sieht, mit ihrer eher schnellen, spritzigen, fröhlichen Art, die allen Klischees widerspricht und nicht dem perfekten weisen Menschen entspricht, kann man sie, wenn man nicht tiefer schaut, nicht wirklich mit all ihrer Bewusstheit erfassen. Schon einige Male habe ich erlebt, wie Menschen, die sich für bewusst hielten, versuchten, Barbara ihre Erkenntnisse und Ratschläge aufzudrängen, ohne wahrzunehmen, dass ihnen jemand gegenübersitzt, der bereits zu tiefer Erkenntnis gelangt war, ohne viel Aufsehen darum zu machen. Sie schweigt dann oft und lässt ihr gegenüber in seinem Glauben. Ich bin immer wieder überrascht, dass es ihr egal ist, ob sie erkannt wird. Die meisten, mit denen wir in unserem Alltag zusammen sind, wissen nichts von Barbaras Bewusstheit. Das liegt auch daran, dass wir ein ziemlich normales Leben führen und beide die profanen Dinge des Lebens mögen. Unser Alltag besteht nicht aus Meditation, wir leben nicht in einem Ashram, reden mit Nachbarn und Freunden über Fußball, Autos, Reisen, Wirtschaft und gutes Essen. Das lässt mich selber manchmal wie alle anderen übersehen, dass die Frau an meiner Seite ein sehr klares und weises Wesen ist, das selbst Menschen mit den merkwürdigsten Verhaltensweisen mit offenem Herzen wahrnimmt. Sie schaut irgendwie dahinter und erkennt, wie auch dieser Mensch sein Bestes gibt. Trotzdem kann sie sich sehr klar abgrenzen.

Manchmal ist sie mir fast unheimlich. Sie erscheint mir wie ein Leuchtturm, der selbst inmitten der aufgewühlten, stürmischen See gerade, aufrecht und sichtbar dasteht und sein Licht unbekümmert in aller Ruhe in die Welt strahlt, obwohl sie genauso menschlich und berührbar ist und Gefühle hat, wie jeder andere Mensch auch. Für mich waren diese Veränderungen aber nicht immer leicht. Zum ersten Mal nach Barbaras Affären unserer Anfangszeit spürte ich wieder Eifersucht. Diesmal waren die Umstände ganz anders. Da war kein Mann, mit dem ich es aufnehmen musste, sondern die unpersönliche Liebe, in der Barbara plötzlich zu Hause war. Ich spürte, wie die persönliche Liebe an Bedeutung in ihrem Leben verlor.
Sie war nicht mehr „abhängig" von mir und meiner Liebe. Sie war plötzlich frei. Ich hatte Angst, sie würde mir entgleiten, und ich könnte sie verlieren. Ich stolperte über meine Vorstellungen von Liebe und Bindung in einer Partnerschaft. Für mich war es irgendwie immer noch ein Zeichen von Liebe, den anderen zu brauchen. Eigentlich habe ich nach einer Garantie und einer Sicherheit in der Liebe gesucht. An dem Punkt war ich sehr verletzlich. Hinzu kam auch das Gefühl, ihr nicht mehr folgen zu können, nicht mehr mit ihr auf einer Ebene zu sein. Ich habe versucht, sie durch unseren Hauskauf und jahrelangen Umbau an die Materie und an mich zu binden, das funktionierte nicht wirklich. Ich brauchte einige Zeit, um zu begreifen, dass meine Schwierigkeiten damit nur durch meine Vorstellungen

und Ängste ausgelöst wurden. In der Realität war das Leben mit ihr nicht wirklich anders als vorher. Also hielt ich mich an die Realität, die Liebe, die uns verbindet, den Alltag, den wir miteinander teilen, die Unbekümmertheit, wenn wir zusammen sind, und den Frieden, der mich darüber hinaus manchmal begleitet. Heute habe ich selbst immer öfter das Gefühl dieser freien Liebe ohne Abhängigkeit, allerdings nicht durchgehend, und freue mich, wieder mit mehr Gelassenheit in unserer Beziehung zu sein. Auch das Gefühl, Barbara nicht folgen zu können, hat sich verändert. Ich fühle dieses Defizit nicht mehr und habe aufgehört, mich zu vergleichen. Ich bin zu dem Ergebnis gekommen, dass mein Leben und ich anders sind, und dass ich mich, wenn ich mich vergleiche, nur von mir entferne. Vor Barbaras Erwachen habe ich das auch nicht getan. Das spielte sich also nur in meinem Kopf ab. Ich fühle mich gut, wenn ich einfach nur das tue, was gerade ansteht. Manchmal fehlt mir aber auch die Geduld, dem Leben nicht vorwegzugreifen und zufrieden zu sein, mit dem, wie es gerade ist. In dem Punkt kann ich noch viel von Barbara lernen.

Ich habe mich immer gewundert, wie Guido so mit mir leben kann. Das ist sicher nicht immer einfach, bisweilen sogar schwierig. Ich verneigte mich innerlich immer vor dieser Größe. Er konnte zeitweise nur nicht sehen, was ich sah, nämlich dass ihm nichts fehlt und ich in Wahrheit nicht weiter bin als er. Er konnte seine eigene Größe nicht sehen und wie viel ich von ihm lernte. Für mich gab es keinen Unterschied. Wer ist weiter, wer weniger weit? Wer bewusster, wer weniger bewusst? Es bleibt nur ein Bewusstsein. Manchmal verhalte ich mich für den urteilenden und von seinen Vorstellungen geprägten Betrachter vielleicht sogar weniger spirituell, weniger liebend und weniger bewusst. Ich rede oft einfach drauf los, manchmal viel und gerne dummes Zeugs, und dann schweige ich wieder lange und liebend gerne. Für mich ist das alles unsinnig: spirituell, selbstlos, heilig, bewusst, weniger bewusst. Wen interessiert das? Das sind nur Zuordnungen, Wertungen des menschlichen Geistes. Damit werden Menschen erhöht, andere erniedrigt, damit scheinen manche besser und andere schlechter zu sein. Wer will das alles beurteilen? Es ist zu groß, als dass sich irgendetwas dazu sagen ließe. Alle haben dasselbe Bewusstsein, alle sind menschlich, nichts bleibt. Ich sehe in der Tiefe immer nur, dass keinem etwas fehlt, dass bei allen Menschen alles in Ordnung ist. Für mich gab es diesen Graben, den Guido wahrnahm, nicht. Nur er glaubte, dass ich weiter sei und er mir nicht mehr folgen könne. Ich spürte, dass ihm nichts, was ich sagte, dieses Gefühl nehmen und er nur auf seine Art und Weise lernen konnte. Er wollte mich mit dem Kauf dieses renovierungsbedürftigen Hauses binden. Dieses Haus hätte ich allein nie gekauft, weil ich förmlich die Schwierigkeiten roch, die es mit sich bringen würde und die er unterschätzte. Beim Kauf dieses Hauses hatten wir ein einziges Mal ganz unterschiedliche Impulse. Trotzdem ging ich darauf ein, Guidos Weg war meiner. Ich wusste, ich musste mit ihm gehen. Es war Zeit für seinen Weg. Ich hatte den Spielraum und war mir bewusst, dass das dem Wahren nichts anhaben konnte, obwohl ich wusste, dass es nicht leicht würde. Es machte einige Zeit manches in meinem Leben unbequem. Früher wäre ich bestimmt davongelaufen. Vorher hatte ich einen finanziellen Spielraum, plötzlich steckte alles Geld in dem Haus. Früher war ich zeitlich flexibel, auf einmal musste jemand mithelfen und bei den Handwerkern sein, jahrelang auf einer Baustelle leben und arbeiten. Gemeinsame Zeit, ein Fremdwort. Die Umstände waren alles andere als ein Zuckerschlecken, doch diese Freiheit im Inneren, das stille Glück, im Dasein zu ruhen, blieb allgegenwärtig und davon unberührt. Heute hat sich dieser scheinbare Graben, der für mich sowieso nie existierte, auch für Guido aufgelöst. Er durchlief in diesen drei Jahren so rasante innere Prozesse, die mich staunen ließen. Rückblickend würde ich das wieder so machen. Aber noch einmal: Da spüre ich eine deutliche Grenze. Damals gab es einen Moment, in dem ich mich fragte, ob unsere gemeinsame Zeit vielleicht zu Ende geht. Auch unsere Beziehung hat keine Garantie. Vielleicht bist du eines Tages noch mit deinem Partner zusammen, obwohl ihr weit mehr Herausforderungen zu durchwandern hattet, und Guido und ich sind es nicht mehr. Wir wissen das alles nicht.

Durch die Arbeit an dem Haus habe ich viel gelernt, besonders was es heißt, sich das Leben schwer zu machen, sich aufs Wesentliche zu konzentrieren und Geduld zu üben. Das war wirkliche eine harte Nuss, die ich zu knacken hatte und wohl gebraucht habe. Meine eigentliche Motivation, dieses Haus zu kaufen, war mehr oder weniger bewusst, Barbara dadurch wieder auf meine Ebene herunterzuholen, um mit ihr auf einer Stufe zu stehen und sie mehr an mich zu binden. Anstatt in meine eigene Größe zu wachsen, wollte ich sie kleiner und abhängig machen. Das hat Gott sei Dank nicht funktioniert. Unsere Beziehung und unser Leben haben sich schon immer auf einer anderen als dieser gebundenen Ebene abspielt. Barbara bewegt sich darin schon lange nicht mehr. Und der Gedanke, sie dahin zurückzubringen, war purer Schwachsinn. Auch für mich steht am Ende die Erkenntnis, dass unser Leben auf ganz anderen Säulen ruht und diese Art von Bindung wirklich nicht braucht. Unser Fundament ist nicht aus Beton, sondern aus Freiheit und aus Liebe. Auf eine ganz andere Art hat diese „Mission Impossible" ihren Zweck erfüllt. Ich fühle mich ihr deutlich näher und habe mittlerweile mit ihrer Freiheit nur selten ein Problem. Anstatt Barbara anzubinden, habe ich meine Flügel entfaltet.

Es scheint nur, als wären wir in unseren Beziehungen sicherer, wenn wir uns voneinander abhängig machen, statt frei zu sein. In Wahrheit macht das keinen Unterschied. Ich habe genauso wenig mit Guido eine Garantie, wie er mit mir. Auf der Ebene der Vergänglichkeit ist nichts sicher. Ich halte mich nicht an dem Vergänglichen fest, genieße es nur und erfreue mich daran. Du kannst weder aus dem Vergänglichen, noch aus deinem Körper oder deinen Beziehungen etwas Ewiges machen. Das funktioniert schlichtweg nicht. Du kannst dir aber des Ewigen, dessen was nicht stirbt und nicht geboren wird, bewusst sein. Dann macht dir die Vergänglichkeit keine Angst mehr.

Auch die Geschichte einer großen Liebe zwischen den zwei Personen Guido und Barbara betrifft nur die relative, vergängliche Ebene. Dahinter bleibt nur die Quelle, das Eine Sein. Die Auflösung der eigenen Person im größeren Ganzen macht vielen Menschen Angst und erzeugt bisweilen Widerstände und Wut. Vielleicht bei dir auch. Das kann ich gut nachvollziehen. Früher hätte ich auch gedacht: Das geht jetzt zu weit. Es hätte mir Angst gemacht. Denn ein Ich will Bedeutung haben, es will besonders und wichtig sein. Bekommt es nicht genug Aufmerksamkeit, wird das Ego unangenehm, es will das haben, was ihm zusteht, beschränkt die Weite der Liebe und versucht, sie zu kontrollieren. Früher wollte ich in unserer Beziehung meist alles unter Kontrolle zu haben. Guido nervte das zu Recht. Ich sparte auch ihn dabei nicht aus. Plötzlich wurde das unwichtig. Kein Ich mehr, das glaubt, immer alles in der Hand haben zu müssen. Damit einhergehend vergaß ich vieles. Ich musste nichts mehr im Kopf behalten, um alles zu kontrollieren und mich sicher zu fühlen. Mein Gehirn veränderte sich, vielleicht auch durch die verstärkte Präsenz im gegenwärtigen Moment. Meistens herrscht in meinem Gehirn gähnende Leere. Manchmal weiß ich nicht mehr, was zwei Minuten vorher war. Dann erinnere ich mich an etwas, was viele Jahre zurückliegt. Dann verschwindet wieder alles, um im nächsten Moment wieder aufzutauchen. Da gibt es keine Regel. Ich habe das aber nie als Problem gesehen, freue mich, frei zu sein von dem ganzen Müll scheinbarer Wichtigkeiten, die mich früher nicht zur Ruhe kommen ließen. Der Alltag lässt sich so viel leichter und unbeschwerter bewältigen. Das Geschenk dieser Gedankenleere ist, das Leben frei von unnötigem Ballast genießen zu können.

Ich habe das Gefühl, dass sich das Gehirn der Menschen verändert. Immer öfter kommen auch junge Menschen zu mir, die sich plötzlich im Gegensatz zu früher wenig merken können. Das macht ihnen Angst. Doch nur ihre Erwartung, wie früher alles wissen und sich erinnern zu müssen, macht das zu einem Problem. Eigentlich kann ein leeres Gehirn ein Geschenk sein, es kann dich sogar leistungsfähiger und effektiver machen. Nur die Angst, die vermeintliche Kontrolle übers Leben zu verlieren, erschreckt die Menschen. Dabei kann dir nichts Besseres passieren. Die Weisheit deines Lebens kann sich endlich einmal ohne das ständige Geplappere in deinem Kopf und ohne deinen Widerstand ungehindert entfalten. Dein Herz schlägt doch auch, ohne dass du das steuerst und unter Kontrolle hast. Du atmest und es funktioniert, obwohl du das nicht kontrollierst. Das Meisterwerk Leben funktioniert also ohne deine Kontrolle. Ich habe mit diesem leeren Gehirn in späten Jahren noch ein Studium absolviert. Ich wusste ehrlich gesagt nicht, wie das gehen sollte. Es war mir nur klar, dass ich das, warum auch immer, zu tun hatte. Nach der Vorlesung vergaß ich oft alles, was ich gerade gehört hatte. In den Situationen, in denen ich die Infos brauchte, waren sie jedoch da. Sehr effektiv. Ich liebe diese Intelligenz des Lebens. Mit ihr zu fließen, bedeutet frei und sorgenfrei zu leben.

Das Leben ist der Lehrer

Ich hatte immer schon das Gefühl, dass im Leben selbst alle Weisheit liegt. Letztendlich war und ist das ganze Leben unser Meister. Dem gilt bis heute meine Liebe, die letztendliche Hingabe. Das Leben lässt sich nicht bescheißen. Es haut dir deine Täuschungen um die Ohren. Du kannst dir alles Mögliche einreden und einbilden, das gilt auch für die Liebe und die Spiritualität. Das Leben hingegen schont dich nicht, es dient nicht deinen Illusionen, sondern wirkt unmittelbar und gnadenlos, und damit voller Gnade.

Das Leben ist nicht daran interessiert, dein scheinbares Ego zu puschen oder dessen Wünsche zu erfüllen. Es ist unbequem fürs Ego und schlägt ihm immer wieder ins Gesicht. Es erfüllt Gott sei Dank nicht alle Wünsche, nur die, die dem wahren Selbst dienen. Das Leben hält dir den Spiegel vor und dient dem Wahren: der Liebe. Es lehrt dich unmittelbar, konfrontiert dich mit Menschen, Geschehnissen und Situationen, die dich herausfordern. Es lässt sich nicht blenden. Wenn du dich gegen seine Weisheit sträubst, weil du alles besser zu wissen glaubst, erfährst du Schmerz. Immer wenn du leidest, egal aus welchem Grund, unterliegst du einer Illusion. Leiden entsteht nur durch deine beschränkte Sichtweise auf dich selbst und die Welt. Leiden wird erzeugt durch deinen Widerstand, durch deinen Kampf gegen das, was ist, durch deine Vorstellungen und Erwartungen.

Anders als für Barbara, ist es für mich manchmal schwer, alle Aspekte des Lebens anzunehmen. Besonders dann, wenn das Leben nicht so funktioniert, wie ich es möchte. Dann will ich ab und an mit dem Kopf durch die Wand. In diesen Situationen mit Barbara zu sprechen, hilft mir, nicht weiterzukämpfen und mich noch mehr aufzuregen, sondern durchzuatmen und mit etwas Abstand zu erkennen, dass alles okay ist und nichts passiert.

Manchmal bin ich allerdings lernresistent. Da kann mir das Leben sagen, was es will. Ich habe dann keine Lust, mich unterzuordnen, nach dem Motto: „Weil ich es nun mal besser weiß und das Leben mir endlich einmal zuhören sollte. Denn schließlich ist das doch mein Recht." Das Ergebnis ist meist eine satte Bauchlandung mit Vorankündigung und der letztendlichen Erkenntnis, dass ich doch immer den Kürzeren ziehe und mir meine Arroganz sparen kann. Der Schuster sollte bei seinen Leisten bleiben und sich nicht in Dinge einmischen, von denen er keine Ahnung hat. Und was lerne ich dann daraus? Nichts.

Eine Erkenntnis hat sich mir allerdings schließlich doch offenbart: Ich stehe scheinbar auf Bauchlandungen und hole mir manchmal lieber einen Nasenstüber, als meine Arroganz dem Leben gegenüber abzulegen. Letztendlich nehme ich es aber mit einer ordentlichen Portion Humor, und dann sind wir die besten Freunde. Denn eins hat sich im Rückblick betrachtet immer wieder bewahrheitet: Alles, was passierte, hatte seinen Sinn.

Was das Leben mich aber wirklich lehrte, ist, dass nichts anderes als Liebe wirklich zählt. Egal, was ich bisher gemacht habe, in der Liebe finde ich wirklichen Frieden, egal, ob ich Barbara liebe, das Leben oder das, was ich gerade tue, das macht dabei keinen Unterschied. Das Leben hat mich auch gelehrt, dass ich Liebe nicht einfangen und auch nicht festhalten kann. Sie ist jeden Moment neu und lebendig. Jeder Versuch, sie festzuhalten, erstickt sie im Keim. Die Liebe erscheint mir wie ein Schmetterling, der frei fliegen muss, um mich und die Welt mit seiner Schönheit zu erfreuen.

Anstatt mit deinem Leben zu hadern, sieh die Liebe darin. Sie ist es, die dich deine Illusionen und deine beschränkte Sichtweise auf das Leben erkennen lässt. Wirst du demütig, siehst du die Liebe im Leben und die Weisheit in der Fügung. Gerade in der Gnadenlosigkeit des Lebens weilt die Liebe. Das Leben weiß es besser als wir. Doch meist glauben wir, es sei umgekehrt, und das Leben müsse sich uns beugen. Wie oft schon hast du dir gewünscht, dass etwas in deinem Leben anders wäre? Und wenn du zurückschaust, siehst du, wie weise es war. Viele können im Nachhinein einen goldenen Faden, der sich durch ihr Leben zieht, erkennen. In den Situationen selbst hadern sie. Was also, wenn der goldene Faden, den du meist erst im Rückblick wahrnimmst, sich immer durch dein Leben zieht, auch dann, wenn du mit den Geschehnissen haderst? Was, wenn jedem Moment nichts als Vollkommenheit zugrunde liegt, du sie aber nur immer so spät erkennst?

Gib dem Leben einen Vorschuss. Seine Weisheit und Liebe wirkt. Warum sie erst im Rückblick erkennen? Vertraue dich dem Leben an, auch inmitten größter Herausforderungen. Ob du seine Weisheit in dem Moment erkennen kannst, spielt keine Rolle. Das Leben ist immer schon jetzt vollkommen und nicht erst im Nachhinein. Es ist selbst dann voller Liebe, wenn du dich vergessen, vernachlässigt oder gedemütigt fühlst. Die Demütigung ist reine Gnade. Das Leben wirft dich zu Boden, damit du in der

Hilflosigkeit deine Arroganz überwindest und dich seiner Weisheit anvertraust. Gerade wenn sich tausend Herausforderungen zeigen, vertraue dich dem Leben an.

Früher konnte ich mit dem Satz des Sokrates „Ich weiß, dass ich nichts weiß“ gar nichts anfangen. Ich dachte, doch wenigstens etwas zu wissen, und glaubte daran, dass die Welt wirklich so war, wie ich sie sah. Von der trennenden Ebene aus betrachtet scheint das so zu sein. Aus dem Einen Bewusstsein heraus gesehen ist nichts davon wahr. Alles ist relativ, es erscheint, vergeht und bleibt im Kern bedeutungslos.

Wenn Menschen mich etwas fragen, sage ich manchmal, dass ich das nicht weiß oder ich schweige. Sie schauen mich verblüfft an, nach dem Motto: „Wieso weißt du das nicht? Gerade du müsstest das doch wissen und erklären können.“ Sie glauben anfänglich meist, eine schlaue Erklärung sei wertvoll und darauf keine Antwort zu haben und zu schweigen wäre keine Hilfe. Etwas nicht erklären und wissen zu können wird häufig eher als Makel denn als Weisheit empfunden. Manche sind später sehr dankbar, wenn ich schweige oder sage, dass ich das alles nicht weiß, weil dadurch etwas mit ihnen passiert, das sie sich selbst nicht erklären können. Natürlich ließen sich nach über zwanzig Jahren zunächst psychotherapeutischer Arbeit, später spirituell beratender Tätigkeit und vielen Aus- und Fortbildungen eine Menge schlauer Erklärungen zu ihrem Problem finden. Aber sie helfen nicht immer. Was nützt es den Menschen, wenn es nicht um Erklärungen geht, sondern darum, sich dem Leben selbst, dem Ungewissen, dem Nichts anzuvertrauen und sich führen zu lassen? Das Leben lehrt dich ganz praktisch und gibt dir alle Antworten auf deine Fragen. Erklärungen sind immer relativ. Gehst du zu zehn verschiedenen Therapeuten oder Lehrern, bekommst du zehn verschiedene Erklärungen und Antworten. Wir sind Weltmeister darin, Dinge zu erklären und für wahr zu halten.

Aber was, wenn wir nichts wissen, nichts unter Kontrolle haben und nur da sind, um uns unschuldig wie ein Kind dem Größeren, dem Leben hinzugeben? Unser Verstand glaubt, alles zu wissen, aber er kann das Wahre nicht erfassen. Wenn Menschen sehr verstandesorientiert und voller Erklärungen sind, verstehe ich sie manchmal gar nicht mehr. Es ist, als sprächen sie eine andere Sprache. Ich höre sie manchmal so, als wären sie ganz weit weg, obwohl sie neben mir stehen. Das klingt nur noch wie eine leise Melodie. In den Momenten sprechen sie für mich „astronautisch", als bewegten wir uns in unterschiedlichen Dimensionen. Ich höre nicht mehr, was sie mir erzählen. Da ich ihr Problem aber auf einer anderen, tieferen Ebene erfasse, kann ich über das sprechen, worum es hinter den Erklärungen wirklich geht. Manchmal interpretieren Menschen mein Verhalten und meine Aussagen falsch, weil sie die Welt im dualen Bewusstsein betrachten. Sie können es nicht erfassen, wie es ist und einfach nur so stehen lassen. Der beängstigte Geist muss dann schnell wieder alles interpretieren, um sein System aufrecht zu erhalten. Auch wenn es vielleicht in diesem Buch so aussieht, als würde ich etwas wissen, bin ich einfach nur, mehr nicht. Da bleibt nichts. Auch was hier steht, sind alles nur vergängliche Worte, die das Wahre nicht annähernd erfassen können.

Mit dem Erwachen in dem Einen Bewusstsein wollten einige Menschen aus mir eine Art spirituelle Meisterin machen. Ich konnte da nicht mitspielen, fühlte mich nicht angesprochen, nicht gemeint. Sie waren überrascht, dass ich so einfach und normal war. Sie hatten ein Bild von mir, wollten mich erhöhen, als sei ich besser, als hätte ich etwas, was sie nicht hatten. Ich lebe schon immer mit einer Art kindlichen Unschuld und Einfachheit. Mir war immer bewusst, wie wertvoll dieses Unbefleckte ist, nichts zu wissen, nur zu sein und mit dem Leben und dem, was ist, zu fließen. Schon früher haben mich Erleuchtung oder irgendwelche Meister nicht interessiert. Ich stellte mir darunter immer erhabene Menschen vor, die über allem schweben und dem Weltlichen komplett entsagen. Das schien mir gespenstisch und absolut nicht erstrebenswert, zu hoch und unerreichbar. Das Leben und die Liebe hinter und in allen Erscheinungen erschienen mir viel naheliegender. Ich wollte immer nur nach Hause, um in der Liebe zu ruhen, dort wo nichts fehlt. Das war alles. Ich bin dankbar für diese Gnade. Aber mehr ist da wirklich nicht.

Nachdem ich dann einige Jahre quer durch die deutschsprachigen Länder viele Veranstaltungen gegeben hatte, spürte ich, dass es Zeit war, damit aufzuhören, auch wenn ich frisch, lebendig und voller Freude bei meiner Arbeit war. Ich wusste nicht, wie lange das so sein sollte und ob ich jemals wieder anfangen würde. Ein Jahr lang machte ich beruflich nichts, schrieb an einem Buch, bügelte Hemden für Guido, hatte Zeit, für ihn zu kochen und ihn zu verwöhnen. Manche sahen in mir etwas Besonderes, dabei war ich nur eine Frau, die Hemden bügelte. Guido arbeitete zu der Zeit in einem Unternehmen, in dem er täglich mit frischen Hemden zu erscheinen hatte. Ich mochte Bügeln bis zu diesem Zeitpunkt gar nicht. Deswegen bügelte Guido immer unsere Wäsche. Zu meinen Aufgaben gehörte es, aufzuräumen, einzukaufen, zu waschen und mich um unsere finanziellen und organisatorischen Belange zu kümmern. Guido bügelte also damals wie gewohnt seine Hemden. Eines Morgens vor der Arbeit sah ich ihn dabei. Mir liefen Tränen über die Wangen. Obwohl ich so viel Zeit hatte, kam er nicht auf die Idee, mich zu fragen, ob ich das nicht für ihn tun könne. Ich wollte seine Hemden bügeln. „Nein, das brauchst du nicht. Du magst das doch nicht“, antwortete er. Als ich darauf bestand, freute er sich sehr. Plötzlich mochte ich sogar das Bügeln. Es war, als wollte sich die Liebe zu ihm durchs Bügeln verschenken. Eine Klientin fragte mich damals, wie ich das denn aushalten würde, vorher beruflich engagiert und jetzt plötzlich nur noch Hausfrau zu sein, Hemden zu bügeln und zu kochen. Viele Jahre vorher, als ich Guido nach München folgte, stieß ich bei einer Freundin auf das gleiche Unverständnis: „Wie kannst du als emanzipierte Frau heutzutage alles hinter dir lassen, den Job, den du liebst, deine Freunde, eine schöne Wohnung, und in eine Stadt ziehen, die du vorher nicht einmal gesehen hast, nur um einem Mann zu folgen? Du hast dort noch nicht mal eine Arbeit und kennst niemanden."

Wie ist eine freie, emanzipierte Frau? Ich habe kein Bestreben, das zu sein, weil ich nicht in diesen Kategorien denke. Es fühlt sich unfrei an, mich daran zu orientieren. Ich liebte es, das zu tun, was ich wollte. Ich habe mich weder abhängig, noch erniedrigt, noch weniger wert gefühlt. Diese Fragen stellten sich mir nicht. Es war mir auch so etwas von egal, ob das jemand als unemanzipiert oder abhängig interpretierte. Klischees interessieren mich nicht, weil sie uns unnötig begrenzen. Freiheit und Liebe orientieren sich nicht an theoretischen Vorgaben. Sie entfalten sich bodenständig im Leben. In vielem ist unsere Beziehung sehr elementar und nicht so erhaben, wie viele Menschen es vielleicht anstreben. Ich bin menschlicher als menschlich, und unsere Beziehung ist das auch. Ich liebe die Lebendigkeit und die Wärme, die darin liegt.

Ob ich Hausfrau, Ehefrau, Autorin, Journalistin bin, ob ich in einer glücklichen Beziehung lebe, Erfolg habe oder nicht, ob ich traurig oder glücklich bin – das sind alles nur Vorstellungen, Erfahrungen, Projektionen, Worthüllen. Im Kern ändert sich nichts. Es bedeutet eine unendliche Freiheit, alles sein zu dürfen und nichts Bestimmtes sein zu müssen. Auch du bist immer nur dasselbe Sein, egal welche Form, welche Rolle du annimmst, ob andere Menschen dich in die Luft heben oder dich fallen lassen.

Auch Promis sind nicht besser oder schlechter als alle anderen Menschen und auch nicht zwangsläufig glücklicher. Die Menschen lieben die Bilder, die sie sich von ihnen machen. Es sind Projektionen unserer Sehnsüchte, die wir auf sie übertragen, die aber der Wirklichkeit nicht standhalten. Projektionen von einem glücklichen Leben, begehrt und geliebt zu sein, sich finanziell alles leisten zu können und im Mittelpunkt zu stehen.

Auch die vollkommene Liebe, die du bei einem Meister, in Jesus, Maria oder Buddha siehst, ist eine Projektion. Dieselbe Liebe, die Essenz, ruht in dir, in deinem Partner, in deinen Kindern, in deinem ganzen Leben. Diese vollkommene Schönheit ist unser aller Sein – unsere Menschlichkeit mit allen Ecken und Kanten eingeschlossen. Doch die will keiner haben. Daran stoßen wir uns. Wie einfach ist es, auf Jesus, Buddha oder andere aufgestiegene Meister, auf Lehrer oder irgendwelche Stars alles Perfekte zu projizieren. Tun wir das, vergessen wir, sie als Menschen mit allen Stärken und Schwächen zu sehen. Jesus beispielsweise wurde zu Lebzeiten von vielen verhöhnt, nicht ernst genommen und gekreuzigt. Das Bild, das wir uns von ihm machen, muss heute keiner Realität mehr standhalten. Mancher würde sich vielleicht auch heute an seiner Menschlichkeit stoßen. Dafür heben viele Menschen heute Stars auf ein Podest. Würden sie sie im Alltag erleben, sähe das möglicherweise anders aus.

Ich kenne eine Frau, die jahrelang zu einem spirituellen Meister reiste, zu dessen Veranstaltungen Tausende von Menschen strömen. Sie beobachtete, wie er hübsche junge Frauen bevorzugt behandelte und schrieb ihm daraufhin, dass sie trotz seiner gepriesenen Göttlichkeit mit diesen offensichtlich sehr menschlichen Zügen Schwierigkeiten hätte. Das könne ja nicht zusammenpassen. Sie war wütend, weil sie den perfekten Meister suchte, ihn erhöht hatte und nun erkannte, dass selbst er menschlich war. Sie glaubte, ein solcher Mensch müsse, um in unendlichem Bewusstsein zu ruhen, perfekt und ohne Tadel sein und über allem stehen. Da oben schwebt aber niemand. Willkommen im Leben. Sie konnte einfach noch nicht erkennen, dass sie auch im Einen Sein ruhte, wenn sie menschlich war, dass sie dafür nicht perfekt sein musste. Indem sie die Menschlichkeit ihres Meisters akzeptiert, die dem vollkommenen Bewusstsein nicht im Wege steht, kommt sie dem Bewusstsein des Einen Seins näher als nah. Doch obwohl sie schon so lange danach strebte, machte ihr das Angst, weil es nichts Besonderes war, sondern nur unser aller natürliches Sein.

Ein amerikanischer Lehrer sagte einmal sehr treffend zu einer großen Schülerschaft: „Ich weiß, dass die letzte Zeit sehr viel hinter meinem Rücken gesprochen wird. Ich bin menschlich. Ich lasse euch sehr nah in mein Leben. Ich habe keinen Abstand, ihr seht mich nicht nur schweigend oder euch wortlos umarmend – ihr seht mich ganz. Ich habe keinen Zirkus an ernannten Schülern, die mich anhimmeln und schützen. Ich bin mit euch unmittelbar. So wie ihr euch an meiner Menschlichkeit stoßt, stolpert ihr auch über eure eigene. Lasst alles in euer Herz, lasst die Liebe walten."

Ramana Maharshi, einer der bekanntesten spirituellen Heiligen Indiens, soll manchmal Wutausbrüche gehabt haben. Erfüllt das unsere Vorstellung von einem indischen Heiligen? Gott sei Dank nicht. Bis zum letzen Atemzug sind wir menschlich. Das hält die Liebe aber nicht auf, das schmälert zu keinem Zeitpunkt reines Bewusstsein. Es ist darin enthalten. Nichts fällt raus. Du bist immer in Gott, immer in der Liebe, egal was du tust, egal was geschieht. Die Befreiung liegt in der Umarmung des Menschlichen. Nur wollen wir uns daraus gerne erheben. Dabei führt sie uns mitten hindurch. Wenn du nur einen einzigen Aspekt deines Lebens ablehnst, bist du im Bewusstsein der Trennung gefangen. In Wahrheit ist alles eins. Die Menschlichkeit behindert die Ewigkeit nicht. Sie erscheint nur und vergeht. Der Kreis schließt sich, die Trennung endet, wenn du die Vollkommenheit, die Schönheit in dem „Niedrigen", in dem, was du abwertest, erkennst.

Sogar der Alltag ist höchste Spiritualität und auch ohne Meditation heilig. Alles ist göttlich, jedes Gefühl, jede Erfahrung, auch die, die du vermeiden willst. Manche religiös oder spirituell orientierte, ebenso wie sehr perfektionistisch veranlagte Menschen, möchten der Menschlichkeit entfliehen, sie wären gern besser oder heiliger, als sie sind. Das ist das größte Missverständnis in Bezug auf das Erwachen, auf ein erfülltes Leben und eine glückliche Beziehung. Das Leben führt dich durch alle Aspekte der Menschlichkeit hindurch, bis du akzeptierst, dass du alles bist und alles willkommen ist. Die Größe der Liebe zeigt sich gerade darin, ganz zu lieben – alle Eigenarten des Partners wie auch deine inklusive.

Die Beziehung zwischen Guido und mir ist jedenfalls nicht erhaben. Wir können so richtig blöd sein. Kein Bestreben nach Perfektion. Von selbst erstrahlt sie in vollkommener Schönheit. Ich liebe diese Menschlichkeit. Je perfekter, je heiliger du dich und deine Beziehung haben willst, desto mehr sitzt du in der Falle. Perfektion ist eine Erfindung deines Geistes. Du wirst nie zufrieden sein, wenn du deinen Partner und deine Beziehung daran misst. Du kannst nur verlieren. Da, wo du bist, wie immer auch dein Leben aussehen mag, ist die Erlösung. Da ist der Frosch, der Prinz, der wachgeküsst werden möchte. Dieser normale Mann, diese einfache Menschlichkeit. Solange du davon weg willst und dich nur gegen einen einzigen Aspekt des Lebens sträubst, fühlst du Schmerz und Unzufriedenheit, weil etwas nicht so ist, wie du es dir vorstellst. Liebe das, was ist. Du musst dazu nicht unbedingt zu einem Meister gehen. Obwohl das für manche Menschen wichtig und wie ein Ruf sein kann. Aber egal wie, ob durch einen Lehrer, durch beruflichen Erfolg oder was auch immer, wir suchen alle auf verschiedene Art und Weise danach, glücklich zu sein und in dem Einen Bewusstsein zu ruhen. Das bedeutet aber lediglich, uns unseres natürlichen und selbstverständlichen Seins bewusst zu sein, das in Wahrheit nichts braucht. Warum sollen wir jemanden anhimmeln, wenn unser Meister der Liebe das Leben selbst ist und in Form eines nervigen Mannes oder einer schwierigen Chefin auf uns wartet. Manchen Menschen stellt das Leben aber auch einen spirituellen Meister zur Seite, das kann hilfreich sein, wenn du nicht in der Übertragung oder der Erhöhung stecken bleibst, sondern es wirklich wissen willst. Das Leben lehrt dich alle Weisheit, wenn du bereit bist, demütig zu werden und zuzuhören.

Es geht nicht um den perfekten Lehrer, die perfekte Lehre, die perfekte Übung, es geht um Liebe und Menschlichkeit. Wir machen so schnell aus allem eine intellektuelle Konstruktion. Aus etwas Lebendigem und Natürlichem basteln wir ein Konzept und stellen damit verbundene Merkmale und Regeln auf. Es ist eigentlich völlig natürlich, im gegenwärtigen Moment zu leben, aber auch daraus machen viele Menschen wieder eine Übung, eine künstliche Konstruktion, als dürfe man nicht mehr über Vergangenheit und Zukunft sprechen. Ein ebensolches Missverständnis ist es, frei sein gleichzusetzen mit emotionslos, beziehungslos und distanziert zu sein; und in bedingungsloser Liebe zu leben damit gleichzusetzen, nie „Nein“ sagen zu dürfen und immer gütig sein zu müssen. Diese spirituellen Konzepte erzeugen nur den nächsten Krampf und schließlich unmenschliches und unechtes Verhalten.

Ich habe mich nie ausführlich mit Religionen, Philosophien und spirituellen Konzepten beschäftigt. Das war für mich Theorie und nicht lebendig. Ich wollte das Leben, die Liebe selbst erforschen. Mich interessiert die Quelle, der Ursprung. Ich liebe es, zu forschen und habe das Leben auf meine Art untersucht, aus einer Art Nullraum, einem raumlosen Raum heraus. Mir reichte es nicht, von jemandem eine Lehre zu hören, obwohl auch das manchmal hilfreich sein kann. Ein Zen-Spruch besagt: Folge nicht den Spuren der Meister, suche, was sie gesucht haben. Ich war resistent, stellte alles in Frage und wurde nur still, wenn etwas mein Herz jenseits aller Worte berührte. Das nahm ich demütig und dankbar an. Es gibt für alles viele Erklärungen. Alles ist irgendwie wahr und möglich. Und doch gibt es etwas, das nicht mit dem Verstand zu erfassen und zu steuern ist. Ich kann dich nur unterstützen, dich von Vorstellungen und Erwartungen zu lösen und in eine Art Nullraum, in das unschuldige Sein, einzutauchen. Da sind wir alle gleich.

Kein Mensch ist göttlicher als ein anderer. Manche sind sich ihres wahren Seins bewusst, andere nicht. Im Kern sind Lehrer und Schüler immer dasselbe. Wenn Menschen zu mir in die Beratung oder zu Seminaren kommen, lerne ich genauso durch ihr Sein. Ich staune immer wieder über die Vielfalt menschlichen Ausdrucks und menschlichen Lebens. Es sieht so aus, als hätte ich etwas, was sie nicht haben. Das ist aber nicht der Fall. Wir sind im Kern alle vollständig. Keinem fehlt etwas und keiner hat ein Problem. Viele können das nur nicht erkennen. Ich habe keine Lust auf diese Erhöhungen, auf diese Lehrer- und Schülerspiele. Für mich gibt es nur Begegnungen von Mensch zu Mensch, auch wenn ich hin und wieder nachvollziehen kann, dass mancher indische Meister wie auch christliche und buddhistische Gemeinschaften eine Art Gehorsam oder Hingabe von ihren Schülern fordern. Grundsätzlich stehe ich dem eher kritisch gegenüber: Es kann dazu dienen, dass der Schüler bewusster wird, manchmal aber auch nur dem Machtbestreben eines vermeintlichen Meisters oder einer Organisation und ihren Strukturen nützlich sein.

Wenn Schüler erkennen, dass ihr Lehrer auch menschlich ist und es nur Ein Bewusstsein gibt, und ihn von ihrem selbsterschaffenen Podest stoßen, übersehen sie oft, dass das wieder nur ein Spiel ihrer Egos ist und ihnen die wahre Demut fehlt. Was dann zunächst wie eine Befreiung und ein Fortschritt aussieht, bedeutet nur, dass sie ihren Lehrer in ihrer dualen Welt auf ihre

Stufe gestellt haben, aber nicht, dass sie in der Größe ihres Selbst erwacht sind. Wenn ihnen die Demut fehlt, das scheinbar Größere zuzulassen und anzunehmen, bleiben sie in dem Moment in ihrer Geschichte stecken.

Wenn ein Mensch seine Unbewusstheit für Weisheit hält, kann ich nichts tun. Es macht keinen Sinn damit zu kämpfen. Ich akzeptiere das. Unsere Unbewusstheit ist willkommen. Manche Menschen benutzen Spiritualität als Flucht, anstatt sich unmittelbar auf das Leben einzulassen. Sie wirken so, als ginge es ihnen um Spiritualität, aber tatsächlich beschäftigen sie sich mit ihren Vorstellungen, in denen sie sich verlieren, statt mit der unmittelbaren Erfahrung. Ich habe schon Diskussionen zwischen Schülern gehört, die sich darum drehten, welcher ihrer Lehrer erleuchteter sei. Solche Diskussionen sind menschlich, doch letztendlich unwichtig. Wenn du in dir ruhst, ist dir das alles so etwas von egal. Wen interessiert das? Außerdem: Wohin führt dich dein Herz? Dein Meister der Liebe kann dein Nachbar sein. Letztendlich ist alles – jeder Moment, jede Erfahrung, jeder Mensch – dein Lehrer. Es ist das Leben selbst, die Liebe, die sich in allem ausdrückt. Ich finde es wunderbar, wie viele unterschiedliche Wesen und Erscheinungen die Quelle hervorbringt. Das ist so genial. Ich liebe Originale, über die manch einer vielleicht die Nase rümpft, weil sie unsere gesellschaftliche Vorstellung sprengen. Besonders durch sie kannst du sehr viel über wahre Liebe lernen. Deine Meister der Liebe sind vor allem die Menschen, die du gerne ausgrenzt und auf die du herablassend schaust.

Auf einer Seminarreise war einmal ein solches Original dabei, das ich hier jetzt Urs nenne. Urs hatte eine sehr lange Anreise gehabt und war mit anderen Teilnehmern, die sich alle nicht kannten, in einer Fahrgemeinschaft gekommen. Als die Truppe angekommen war, herrschte dicke Luft. Es hatte schon auf der Fahrt Spannungen gegeben. Urs ist ein sehr fröhlicher und unterhaltsamer

Mensch. Er verhielt sich, wie man das vor allem in spirituell und therapeutisch geprägten Kreisen nicht tut: Raum einnehmend mit einem scheinbar großen Ego, das nach Bestätigung sucht. Immer hatte er ein paar witzige, sehr irdische, vermeintlich oberflächliche Bemerkungen auf Lager und stellte Fragen, die man auch als dumm oder profan hätte interpretieren können. All diese scheinbaren Egoaspekte, die man als spiritueller Mensch offensichtlich nicht haben darf, fand ich unterhaltsam und unschuldig. Er war einfach echt und so, wie er war. Wenn ich manchmal humorvoll Grenzen setzte, reagierte er sofort, ohne eingeschnappt zu sein. Er konnte über sich selbst lachen und nahm sich inmitten seiner Spiele weniger ernst als diejenigen, die sofort auf sein Verhalten ansprangen. Ich war sehr dankbar für seine Anwesenheit. Urs hat etwas sehr Unmittelbares, Unverfälschtes, das die meisten Menschen sich abgewöhnt haben. Selbst wenn sie genauso denken oder fühlen wie er, trauen sie sich nicht mehr, es auszusprechen. Was ist überhaupt Ego und was nicht? Ego und Nicht-Ego sind doch nur wieder eine Erfindung des Geistes, sie entspringen beide dem dualen Denken. Letztendlich gibt es weder Ego noch Nicht-Ego. Wie dürfen wir uns verhalten und wie nicht?

Urs brachte jedenfalls Bewegung und eine herrliche Frische in die Gruppe. Er kannte das Thema, weil er sich schon oft in Gruppen andersartig und ausgeschlossen gefühlt hatte. Trotz seiner Frohnatur zeigte er auch seine Traurigkeit darüber. Er bediente kein Rollenverständnis und die vertrauten Verhaltenskodexe. Welch ein Pulverfass er in dieser Gruppe war, obwohl er nichts machte, außer unbefangen zu sein! Weil er bei mir Akzeptanz fand, entspannte sich die Situation. Das machte es auch den anderen möglich, nicht perfekter, oder heiliger sein zu müssen, als sie waren, um akzeptiert zu sein. Sie atmeten durch und konnten loslassen. Damit eröffnete sich der raumlose Raum der Liebe und Akzeptanz für unser aller Sein, egal wie unterschiedlich, wie profan, dumm und egoistisch wir zu sein schienen.

In der Liebe lösen sich diese Grenzen auf und eine unendliche Weite entsteht. Wir müssen keinen Normen entsprechen, nicht besser sein, als wir sind. Wir gehören alle dazu, egal wie unterschiedlich wir sind. Wenn du dich über andere Menschen aufregst und sie verurteilst, schau genauer hin. Von ihnen kannst du viel lernen. Wenn du dich abtrennst, dich über deinen Partner oder jemand anderen ärgerst und ihn verurteilst, experimentiere mit folgendem Satz: „Auch das bin ich." Dasselbe gilt für Aspekte in dir, die du ausgrenzt, vor denen du Angst hast oder die du nicht wahrhaben willst. „Auch das bin ich." Wenn du immer wieder über dasselbe Problem stolperst und dich darin verstrickt hast, dann kann dir dieser Satz hilfreich sein. Ich erinnere mich an Momente, in denen ich feige, engstirnig oder arrogant war, in denen ich Angst hatte oder gelästert habe. Ich kenne all die vermeintlich unschönen Gefühle, die wir angeblich nicht haben dürfen, die wir verurteilen und doch manchmal empfinden. Ich bin nicht besser. Ich bin das alles. Wir sind das alles. Das wollen wir aber nicht sehen, nicht wahrhaben. Solche Gefühle haben immer nur andere. Dabei sind sie zutiefst menschlich. Sind sie gut oder schlecht? Wir müssen sie nicht bewerten. Die Einheit umfasst alle Gefühle, auch die ungeliebten. Solange du das Ungeliebte nicht umarmst, bleibst du im Bewusstsein der Trennung. Die Einheit beinhaltet alles, auch das, was du nicht sein und erfahren willst. Das ewige Licht ist kein Gegenpol zum Schatten. Es umfasst Licht und Schatten und kennt gar keinen Gegenpol. Das Göttliche ist in allem. Licht und Schatten sind nur die Reflektion des Einen.

Lass alles in dein Herz. Der Kreis schließt sich, das Bewusstsein des Einen erwacht, indem du das Ungeliebte, das Hässliche, die scheinbaren menschlichen Niederungen umarmst. Das ist höchste Spiritualität in aller Einfachheit. Liebe im Alltag.

Umarme alles.
Umarme das Leben,
und es umarmt dich.

Ich habe zehn Jahre in psychiatrischen und suchttherapeutischen Einrichtungen u.a. auch mit obdachlosen Alkoholikern gearbeitet. In dieser Zeit erlebte ich so viele menschliche „Abgründe", dass mir wahrscheinlich nichts mehr fremd ist. Dafür bin ich sehr dankbar. Diese Menschen waren für mich besonders wichtige Lehrer. Durch ihren Spiegel lernte ich sehr unmittelbar: Hinter und in allem weilt die Liebe. Sie spart nichts und niemanden aus, nicht einmal Menschen, die einen anderen getötet haben. Ich habe mit einigen als Therapeutin gearbeitet. Ich konnte kein Urteil finden. Die Liebe ist größer.

Nach welchem Lehrer, welchem Vorbild richtest du dich? Niemand steht höher oder besser als ein anderer. Diejenigen, die du abwertest, sind nicht anders als diejenigen, die du erhöhst. In unserer Gesellschaft bewundern wir meist die dynamischen, schillernden und erfolgreichen Menschen. Diejenigen, die stiller sind, nicht im Vordergrund stehen und nicht ständig auf sich und ihre tollen Taten aufmerksam machen, finden wenig Beachtung. Sie werden oftmals geringer geschätzt.

Viele Menschen können die weniger augenscheinlichen und weniger schillernden Schätze, die ihr Partner birgt, gar nicht wahrnehmen und damit auch die Chance nicht nutzen, von ihnen zu lernen. Guido ist in vielem sehr solide, verhält sich oftmals wenig laut und schillernd und ist doch ein wahrer Schatz. Er hat mich ein paar Mal gefragt, ob mir mit ihm nicht langweilig ist. Ich habe das anfangs gar nicht verstanden. Erstens wäre er nie für meine Langweile verantwortlich, und zweitens ist mir mit ihm überhaupt nicht langweilig. Warum? Nur, weil er nicht ständig voller kreativer Impulse und Ideen steckt? Es reicht schon, wenn ich so bin. Selbst wenn er kein Wort sagt, wir nichts tun, ist mir nicht langweilig. Warum auch? Ich liebe es, gerade die Ruhe und Stille miteinander zu teilen, einfach so mit ihm dazusitzen, zu schweigen, nichts zu tun, in seinem Arm zu liegen. Ich freue mich, das mit einem Menschen teilen zu dürfen, der keine Angst vor Stille hat.

Auch die Menschen, die du nicht bewunderst, weil sie nicht so schillern, und sogar diejenigen, die du abwertest oder von denen du dich missverstanden und nicht geliebt fühlst, sind deine Lehrer. Denn auch dort, wo du nicht mehr auskommst, findest du einen Lehrer der Liebe. Werde zum Schüler. Lass dich von der Liebe lehren. Es lohnt sich. Werde still, höre dem Leben zu, anstatt auf deinem Standpunkt zu bestehen. Es bringt dir nichts, deine Sichtweise immer wieder von anderen bestätigen zu lassen. Es sei denn, du willst weiter leiden. Nutze die Chance, dich vom Leben, der Liebe lehren zu lassen. Ich liebe die Verlässlichkeit, die liebevolle Gnadenlosigkeit des Lehrers Leben. Es lässt sich nicht manipulieren, keinen Honig ums Maul schmieren, nicht bestechen oder beeindrucken. Manche Menschen sagen, das Leben sei nicht gerecht. Ich finde schon. Es gibt uns immer das, was wir gerade brauchen. Nur ist es meist nicht das, was wir glauben zu brauchen. Ich habe keine Meinung über Gerechtigkeit, will nichts moralisieren. Mit der Moral beginnt die Schuld, mit der Gerechtigkeit die Rechthaberei. Was ist gerecht? Ich kümmere mich darum nicht. Das betrifft die relative Ebene unseres Seins. Darüber könnten wir wieder stundenlang diskutieren, und alles, was wir sagen, wäre wahr und doch nicht wahr. Für mich gibt es keine größere Kraft, keine größere Weisheit als die Liebe. Sie hat ihre eigene Gerechtigkeit und letztendlich kennt sie keine Moral, bewegt sich jenseits davon und liebt einfach nur. Dich, mich, uns alle.

Auch in meinem Leben gab es nicht wirklich einen Meister oder Lehrer. Danach habe ich auch nie gesucht. Ich habe sowieso nicht bewusst nach irgendetwas gesucht. Wenn überhaupt, dann nur nach der Liebe, aber auf sie habe ich eher gewartet. Eine Musikerin sagte mir einmal einen Satz, der mich seither begleitet: Feel the fear and do it anyway – fühle die Angst, und mache es trotzdem. Dieser Satz hat mir immer sehr geholfen, wenn ich bei kleineren und größeren Herausforderungen Angst bekam, wenn ich nicht wusste, was mich erwartete, ob ich die Anforderungen erfüllen würde oder ich der Angst am liebsten ausgewichen wäre. Am Ende wusste ich immer, dass ich keine Wahl habe, dass ich meinen Weg gehen muss und nicht ausweichen soll. Immer wieder musste ich mich meiner Angst stellen. Das Beste daran: Es ist nie etwas passiert. Das schlimmste war nur die Angst vor der Situation. Wenn ich mich einmal in der Situation befand, entwickelte sich alles von ganz alleine und das Leben zeigte sich viel gnädiger und großzügiger als in meinen Vorstellungen.

Warum ich meinen Engel „Rotznase“ nenne

Manchmal nenne ich meinen Engel Rotznase. Warum? Weil Barbara immer so heilig ist? Wohl kaum. Wenn ich sie Rotznase nenne, ist das allerdings das größte Kompliment. Ich kenne niemanden, der so charmant die größten Frechheiten liebevoll mit einem Augenzwinkern sagen kann. Sie hat eine spezielle Art, geradeaus zu sein, eine entfesselnde humorvolle Direktheit. Ich kann ihr nichts übel nehmen, denn es steckt kein Funken Boshaftigkeit darin. Im Gegenteil: Es ist die Liebe zu spüren, von der sie so viel hat. Vielleicht ist auch die Liebe die Voraussetzung dafür.

Wenn ich sie anschaue und dieses freche Grinsen sehe, das sich auf ihrem Gesicht ausbreitet, betont durch das tiefe Grübchen, die Sommersprossen und das Funkeln in ihren Augen, fängt mein Herz an zu hüpfen. Ich verspüre dann oft den Impuls, sie an die Hand zu nehmen und mit ihr lachend und tanzend durch die Welt zu ziehen. Diese Leichtigkeit, die bei ihr so offensichtlich ist, macht mir immer wieder deutlich, dass ich das Leben nicht dauernd so ernst nehmen muss. Dinge, die ich und andere als Last empfinden, stören sie nicht. Ich habe das Gefühl, dass sie damit deshalb so leicht umgehen kann, weil sie den Dingen einfach nicht so viel Bedeutung gibt, weil sie ihnen auch nicht glaubt. Sie lässt sich davon nicht beeinflussen. Leichtigkeit kann ich wirklich gut von ihr lernen.

Warum wir Guido manchmal „Dr. Engel" nennen, der „Arzt, dem die Frauen ihre Männer anvertrauen"

Guido mag es nicht gerne, wenn wir ihn so nennen und uns dann köstlich amüsieren. Dieser Name drängte sich ihm förmlich auf. Freundinnen und Bekannte kommen in der Hoffnung auf eine Lösung ihrer Beziehungsprobleme immer wieder auf dieselbe Idee: ein Gespräch mit Guido. Sie wollen aber nicht selbst mit Guido reden, sondern er soll mit ihren Männern ein Gespräch von Mann zu Mann führen, unauffällig und unverfänglich. Sie glauben, Guido könne besser als jeder Therapeut, zu dem ihre Männer ohnehin nicht gingen, vermitteln. Ihre Männer akzeptierten Guidos Art, weil er die nüchterne, distanzierte, geschäftliche Männerwelt kennt und dennoch Gefühle zeigt, ohne schlaue Therapeutensprüche auf Lager zu haben. Die meisten dieser Frauen fühlen sich von ihren Männern nicht wirklich verstanden. Die Männer teilen sich nicht mit, können schlecht über ihre Gefühle sprechen und wenig Nähe zulassen. Die Frauen glauben, dass ihre Männer keinerlei Interesse haben, wirklich an sich und der Beziehung zu arbeiten. Sie haben wenig Zeit für die Familie und wollen von Problemen nichts wissen. Mehr kann ich dazu nicht sagen, denn das ist ja schließlich das Fachgebiet von Dr. Engel. Mal sehen, was er dazu meint.

„Du Rotznase. Dazu muss ich erst einmal meinen Kittel anziehen."

Ich habe oft das Gefühl, die Frauen glauben, ihre Männer würden sie nicht genug lieben, weil sie sich ihnen nicht öffnen und ihre Gefühle nicht zum Ausdruck bringen. Sie meinen, ihre Männer müssten liebevoller mit ihnen umgehen und sich mehr für sie und ihr Leben interessieren. Der Mann ist aber oft eher ein schweigsamer Geselle, der seine Gefühle nicht immer an die große Glocke hängt. Die

Frauen hoffen, ich könnte ihre Männer davon überzeugen, mehr von sich mitzuteilen und ihre Gefühle zu offenbaren, weil ein Mann doch männlich und trotzdem gefühlvoll sein kann. Aber genau das will und tue ich nicht. Ich sehe darin keinen Sinn und weder die Ursache, noch die Lösung. Oft stelle ich fest, dass die Bereitschaft der Frauen zur wirklichen Offenheit genauso wenig vorhanden ist und ihre Liebe an Bedingungen und Vorstellungen gebunden ist. Sie fordern 100 Prozent Liebe von ihrem Partner, ohne selbst 100 Prozent Liebe zu geben. Das funktioniert nicht. Keiner von beiden will sich aus dem Fenster lehnen, jeder aus der Deckung heraus agieren, um nicht verletzt zu werden. Wenn es wirklich um Liebe geht, dann gilt es, die Liebe zum Ausdruck zu bringen und nicht vom anderen zu fordern, wozu man selbst nicht bereit ist. Sie glauben zwar, sie würden alles geben, gehen sich damit aber selbst auf den Leim. Denn die Liebe knüpft sich nicht an die Bedingung „Ich liebe dich, wenn du mich auch liebst und dich so verhältst, wie ich es will". Es geht eben nicht um Bedingungen, sondern um Liebe.

Die Männer wiederum tun sich schwer, ihre Gefühle zu zeigen. Wenn eine Frau ihre Gefühle lebt, ist das in unserer Gesellschaft normal. Wenn ein Mann zu viel Gefühl zeigt, hat er Angst, als Weichei wahrgenommen zu werden, weil er dem immer noch wirksamen traditionellen Bild des starken Mannes widerspricht. Männer wirken zwar emotionaler als noch vor 50 Jahren, dennoch sind die alten Bilder nach wie vor subtil wirksam. Hinzu kommt, dass Männer oftmals ihre Liebe anders zum Ausdruck bringen, als Frauen es erwarten, und nicht so viele Worte um die Dinge machen. Je mehr die Frauen fordern, desto mehr verschließen sich die Männer. Mit Männern ein Gespräch über Gefühle zu führen ist schwierig, weil sich die meisten, wenn Liebe und Beziehung zur Sprache kommen, dem Thema lieber unpersönlich, rational und theoretisch nähern. Männer vermeiden es in der Regel, sich direkt auf die Gefühlsebene zu begeben, weil sie Angst haben, die Kontrolle und ihren kühlen Kopf zu verlieren. Ohne das Wagnis der Männer bzw. der Frauen, die eigenen Ängste und gewohnten Verhaltensweisen hinter sich zu lassen und sich verletzbar zu machen, wird es schwierig, wirkliche Nähe miteinander zu teilen. Es ist, als würden beide ihre Rüstung nicht ablegen. Wenn sie in voller Schutz- und Kampfmontur aufeinander zugehen, prallen sie schon ab, bevor sie berühren und berührt werden können. Wichtig ist außerdem, sich einmal wirklich in die Position des anderen hineinzuversetzen. Die Sichtweise des Partners nicht aus den Augen zu verlieren und zu verstehen, lässt manchen Konflikt gar nicht erst aufkommen. Wenn wir unsere Position verlassen und unsere Rüstungen ablegen, ist es oftmals nicht mehr notwendig, miteinander zu reden. Das Problem löst sich in Luft auf, weil sich plötzlich alles auf einer anderen Ebene bewegt. Der Fokus verschiebt sich: Was vorher noch wichtig war, ist plötzlich bedeutungslos. Vorher war es wichtig, sich in seinem sicheren Feld zu bewegen, Angst und Kontrollverlust zu vermeiden. Wenn nur die Liebe zählt, wird alles andere nebensächlich. Die Liebe entzieht dem Konflikt den Nährboden.

„So und jetzt zieht Dr. Engel endlich wieder seinen Kittel aus…"

Weshalb ich eigentlich nichts zu sagen habe

Ich hatte anfangs das Gefühl, es sei überflüssig, dieses Buch zu schreiben. In Wahrheit ist bei jedem alles in Ordnung. Keinem fehlt etwas, deshalb erscheint mir das Schreiben manchmal genauso unsinnig wie Seminare und Vorträge zu geben. Und doch tue ich gerne, was getan werden will. Es macht mir einfach Spaß, obwohl es absurd ist.

Ich möchte mit euch jetzt still sein. Keine Geschichten mehr von Guido und mir, von dir und deinem Leben. Alles ist vorbei. Da ist nichts. Nur dieser Moment. Frieden, Stille. Das Leben, die Liebe berührt dich. Lass die Liebe, das Leben selbst walten, losgelöst von Allem.

Warum gibt es eigentlich über die Liebe nichts zu sagen? In ihr löst sich alles auf, alles ist enthalten, nichts ausgeschlossen. Was also herausgreifen? Die Liebe ist unendlich und jenseits aller Worte. Was ich auch sage, beschränkt sie.

Ich freue mich einfach, diesen Moment mit dir zu teilen:

Die Liebe und unser Mensch-Sein.
Von Herz zu Herz, von Mensch zu Mensch.
Lass dich von der Liebe selbst berühren.
Sie kennt keine Regeln, braucht keine Anweisungen. Sie ist.
Du kennst das. Das ist nicht neu.
Ich bin nur da, um dich zu erinnern und dir zu sagen: Ja, das ist möglich.

Hinter deiner Sehnsucht nach der großen Liebe liegt immer die Sehnsucht nach der Einheit. Aus zwei eins zu machen; ineinander aufzugehen; ins Paradies, in die Einheit zurückzukehren. Du bist aber nie aus der Einheit gefallen, obwohl es sich in manchen Momenten vielleicht so anfühlt. Es erscheint nur so, weil dir das Bewusstsein der Trennung, dieser Irrglaube oft vertrauter ist. Lass dich nicht bluffen. Das Paradies, die Einheit ist schon immer dein Sein.

Kein Ich existiert getrennt vom Paradies – kein Ich existiert getrennt von Gott. Alles ist Ein Sein. Wo musst du dann noch hin? Wo musst du nach Liebe suchen, wenn das Paradies bereits in dir ist? Und das kostenlos! Und immer!!! Und jetzt schon! Und ohne Anstrengung! Weil du es bereits bist! Erinnere Dich! Es geht nur um das Gewahrsein dessen, was du wirklich bist. Ich spiele dieses Spiel mit, höre auf den Namen Barbara, erscheine vielleicht sogar ganz menschlich dual, doch glaube ich nichts. Ich nehme alles nicht so ernst.

Liebe meines Lebens

Ich schau in deine Augen, und die Zeit steht fortan still.
Es ist einfach nicht zu glauben, dass diese Liebe nicht enden will.
Was wir miteinander teilen, wird niemand je versteh'n.
Es wird ein Mysterium bleiben, den Weg der Liebe gemeinsam zu geh'n.

Liebe meines Lebens, du bist so wunderbar;
trägst mich auf Händen, und alle Träume werden wahr.
Liebe meines Lebens, niemand kennt mich so wie du.
Mit dir lernte ich zu fliegen, das Leben ganz zu lieben, immerzu.

Vom ersten Moment an warst du mir so vertraut,
ich fühlte mich zu Hause in Glückseligkeit getaucht.
Ich schau in deine Augen, das Universum öffnet sich,
da ist nur noch Einheit, kein Du mehr und kein Ich.

Unsere Liebe ist die Freiheit zu sein, wer wir sind,
unsere Flügel zu entfalten, unschuldig wie ein Kind.
Die Liebe ist viel größer als alles in der Welt,
sie ist wahre Stärke, die Kraft, die uns am Leben hält.

Dankbar bin ich dir, für alles, was du bist.
Einfach nur mit dir zu sein, ist für mich das Paradies.
Wir haben unser Leben der Liebe ganz gegeben,
zusammen stets im Wandel, können wir das Abenteuer leben.

Liebe meines Lebens, du bist so wunderbar,
trägst mich auf Händen, und alle Träume werden wahr.
Liebe meines Lebens, niemand kennt mich so wie du.
Mit dir lernte ich zu fliegen, das Leben ganz zu lieben,
immerzu.

Ich danke dir und dem Leben für die Erfahrungen, die auch weitergehen, wenn wir nichts mehr suchen, wenn nichts mehr fehlt. Ich lebe einfach, bin einfach und habe Spaß. Wenn du irgendeine Botschaft hieraus liest, ist da nichts. Du bist. Liebe ist. Falls es überhaupt gerade einen Impuls gibt, dann, dich zu umarmen. Falls es überhaupt Worte gibt, dann, dass du willkommen bist in der Liebe. Alles okay. Mehr nicht.
Das einzige, was ich wirklich zu sagen habe, lässt sich ohne Worte sagen. Schweigen. Die Liebe spricht.

Wir möchten dieses Buch abschließen, wo es entstanden ist – in der Liebe, die nicht anfängt und nicht endet, die dich und uns alle einschließt. Wir tun das mit unseren Lieblingsworten:

Guido – Liebe; Barbara – Ewig.

Liebe ist Ewig

Über die Autoren

Barbara und Guido Vödisch sind seit 23 Jahren ein Paar. Ihr Zusammensein war von Anfang an vom Zauber einer Liebe getragen, die bis heute keine Worte kennt. Beide staunen nur, was Liebe alles vermag.

Barbara Vödisch ist bekannt als Autorin zahlreicher Bücher und als Seminarleiterin, Journalistin M.A..

Guido Vödisch ist Betriebswirt und Controller und arbeitet für ein großes internationales Unternehmen.

Barbara und Guido Vödisch
Postfach 1333
83203 Prien am Chiemsee
www.barbaravoedisch.de

Hinweise:

- Zum Schutz meiner Klienten sind alle Namen und Zusammenhänge verändert worden.
- Das Gedicht „Liebe meines Lebens“ auf Seite 192/193 wurde vertont von Daniela Mayr, Titel der CD „Ich bin, du bist geliebt“, erhältlich unter **www.danielamayr.at**.